부자의 생각 빈자의 생각

공병호 박사의 인생을 바꾸는 생각의 콘텐츠

부자의 생각 빈자의 생각

해냄

왜, 생각의 콘텐츠가 중요한가

깊어가는 가을 오후, 나는 남해의 짙푸른 바다 위를 날고 있었다. 뭍까지 가는 20여 분 동안 내 머릿속을 내내 떠나지 않는 단어는 '왜'였다.

그날 이른 아침, 섬에 도착한 헬리콥터에서 내린 나를 승용차에 태워 강연장까지 데려다 준 사람은 고향 친구 K였다. 초등학교 졸업 후 30여 년 만의 우연한 재회였다. 강연장으로 가는 동안 친구가 들려준 이야기에서 나는 그동안 그의 삶이 평탄치 않았으며 여전히 어려움 속에 놓여 있음을 알 수 있었다.

큰 부자는 아니어도 근면한 부모 덕택에 어려움 없이 학업을 마쳤던 그가 대처를 떠돌다 결국 낙향하게 된 사정을 이해하기는 쉽지 않았다. 그다지 넉넉하지 않은 상황에서 출발한 K와 나.

40대 중반에 들어선 두 남자 사이에 그동안 무슨 일이 있었던 것일까.

K와 나 모두 뛰어나게 공부를 잘 하지는 못했지만 남들에게 빠지지 않을 정도는 되었고, 물려받은 지적·정신적·심리적·물질적인 조건도 비슷했다. 그러나 30여 년의 세월이 흘러 만났을 때 그는 매우 어려운 처지에 놓여 있었다.

같은 출발선상에서 시작한 두 사람의 중년이 서로 달라진 이유는 과연 무엇인가. '왜' 다음에 내 머릿속에 떠오른 단 한 단어는 바로 '생각의 차이'였다. 순간순간, 하루하루 축적된 생각의 습관은 다른 어떤 습관보다 현재 우리 둘의 운명을 달라지게 한 데 결정적이었을 것이다.

K의 이야기를 듣는 동안 나는 그가 자신의 삶을 외부 조건의 산물이라고 믿기 때문에 주변 상황에 휘둘리고 있다는 느낌을 받았다. 물론 그도 상황을 개선하려고 안간힘을 썼지만 정작 자기 자신을 변화시키는 데는 소홀했다. 반면 나는 상황은 스스로 얼마든지 만들어낼 수 있다고 생각해 왔다.

생각의 차이가 운명을 가른다는 결론을 내린 나는 언젠가 생각에 대한 글을 정리해 봐야겠다고 마음을 먹었다. 그렇게 시간은 훌쩍 흘러 1년이 지났다. 가을이 시작될 즈음 고교 동창 모임에 참석하게 되었다. 의사·변호사·관료·은행원·회사원……. 동창들은 다들 어느 정도 자리를 잡은 듯했다. 하기야 어느 정도 자리를 잡지 못한 상태라면 군이 동창 모임에 시간을 내기가 쉽지 않을 터였다.

경제가 어떻고, 회사 돌아가는 상황이 어떻고, 어떻게 해서 돈을 벌었고, 아이들 키우는 일이 어떻고…… 같은 이야기를 하는 친구들은 꽉 짜인 틀 안에서 살아가는 듯했다. 반가운 친구들의 얼굴에서 예전의 패기만만하던 모습은 찾아볼 수 없었다. 대부분의 친구들에게서 나이보다 많은 세월이 느껴졌다. 도전이나 창조보다는 안주와 현상 유지에 집착하고 있는 듯했다.

그런 친구들이 나에게 "너는 어떻게 된 게 늙지도 않는구나. 세월이 갈수록 더 젊어지는 것 같다. 무슨 비결이라도 있니?"라고 물었다. 외모가 아니라 마음이 젊다는 이야기였으리라.

경쟁이 치열하지 않은 곳이 없는 요즘 다들 격무 때문에 몸과 마음이 피곤했을 것이다. 하지만 그런 중에도 젊게 보이는 사람이 있다. 건강 상태나 경제적인 사정 등 여러 가지 이유가 있겠지만 무엇보다 생각의 차이가 이런 차이를 만드는 게 아닐까. 한 사람의 얼굴에는 그가 어떤 생각을 갖고 살아가느냐가 고스란히 드러나게 된다. 그뿐 아니라 생각의 차이는 한 인간의 성공과 실패, 행복과 불행, 결국 운명을 결정한다.

제임스 앨런이 쓴 고전 『위대한 생각의 힘』에는 다음과 같은 대목이 나온다.

사람을 성공시키거나 파멸시키는 것은 다름 아닌 그 자신이다. 생각이라는 무기고에서 우울함과 무기력과 불화 같은 무기를 만들어 자신을 파멸시킬 수도 있고 환희와 활력과 평화가 넘치는 천국 같은 집을 지을 도구를 만들 수도 있다. 올바른 생각을 선택하여 진실로 행함으로써 인간은 신과 같은 완벽한 경지에 오를 수 있다. 반대로 함부로 하거나 악용하면 짐승 이하의 존재로 전락하고 만다. 이 양극단 사이에 온갖 등급의 인격이 있으며 인격을 창조하고 소유하는 것은 바로 자신이다.

사람은 자신의 생각을 닮아가게 된다. 아니, 사람은 자신의 생각만큼밖에 살 수가 없다. 그래서 나는 이 책에서 생각 그 자체를 다루고자 한다. 책을 쓰기 위해 시중에 나와 있는 책들을 살펴보는 과정에서 긍정적 사고의 힘이나 신념의 위력처럼 생각이 삶에 미치는 영향을 다룬 책들이 많다는 것을 알게 되었다. 대부분 생각에 대한 일종의 거시적인 접근을 하고 있었다.

나는 좀더 구체적으로 접근하고 싶었다. 즉 바람직한 생각 혹은 위대한 생각의 구체적인 내용은 과연 어떤 것인가를 다루고 싶었다. 그동안 많은 책을 읽어보았지만 생각의 콘텐츠라는 주제를 직접 다룬 책은 만나지 못한 까닭도 있었다.

한 사람의 운명을 바꿀 수 있을 만한 좋은 생각이란 무엇일까. 좋은 생각을 넘어 위대한 생각을 이루는 구체적인 콘텐츠로는 어떤 것들이 있을까. 누구나 생각이 갖고 있는 힘을 쉽게 이해할 수 있다. 그러나 구체적으로 어떻게 생각해야 하는지에는 막상 답을 제시할 수 있는 경우가 드물다. 이 책은 바로 이런 질문에 대한 하나의 답이 될 것이다.

자신의 두뇌와 가슴으로 삶의 수준을 한 단계 더 끌어올리려는 열망을 가진 모든 사람에게 위대한 생각은 반드시 필요하다. 위대한 생각의 콘텐츠는 분명히 존재하며, 이런 생각들이 삶의 중심을 차지하게 된다면 누구든지 자신이 원하는 삶의 모습을 만들어낼 수 있다. 인간이란 생각의 산물이자 반영이며, 운명 역시 반복적으로 이루어지는 생각의 결과물이기 때문이다.

여러분 모두의 건투와 건승을 빈다.

2005년 12월
공병호

차례

3장 조직에 대하여

4장 가정에 대하여

5장 사회에 대하여

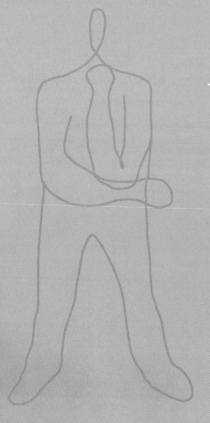

1장
나
자신에
대하여

1

내가
만들어간다

"언제 상황이 좋았던 때가 있었습니까. 제게는 좋았던 기억이 별로 없거든요. 남들은 경기가 좋아 영업이 순조롭다고 기뻐할 때도 저는 항상 해결해야 할 문제를 안고 살아왔던 것 같습니다."

K사에서 영업맨으로 명성을 날리는 지역본부장과의 만남에서 나눈 대화의 한 대목이다. 그는 영업에서 괄목할 만한 기록을 세워온 유능한 현장 사령관들이 그렇듯 얼굴이 무척 맑고 밝다.

처음 만나는 사람은 그의 넉넉한 미소와 나이보다 훨씬 젊어 보이는 외모를 보고 그가 K사에서 신화적인 기록을 가진 인물이라는 사실을 쉽게 믿지 않는다. 거래를 행할 때 '갑'이 아니라 '을'로 살아가야 하는 사람에게서 보이는 목표 달성의 압박감이나 피로감, 늘 쫓기는 듯한 초조감을 전혀 느낄 수 없기 때문이다. 나 역시 가끔 그를 만날 때마다 싱싱한 삶의 에너지를 얻고 영업의 노하우와 현장을 이끌어가는 방법을 배울 수 있어서 좋다.

"환경이란 항상 어렵지요. 다만 문제를 제대로 해결할 수 있느냐 없느냐는 상황을 어떻게 해석하느냐에 달려 있다고 생각합니다."

주어진 상황을 해석하는 능력은 사람마다 다르다. 그런데 상황 해석에 따라 한 인간이 거두게 되는 성과는 크게 달라진다. 삶이 달라질 뿐만 아니라 한 걸음 더 나아가 운명까지 달라질 수 있다. 그래서 사람들은 "생각이 운명을 결정한다"라고 말하기도 한다.

한국시장에 후발주자로 진출한 어느 다국적 제약회사에 30대 후반의 P씨가 신임 사장으로 부임했다. 그는 유명한 컨설팅업체의 컨설턴트로 일하다가 컨설팅을 해주던 고객사에 합류한 드문 경우다.

P씨가 부임하고 난 뒤, 임직원들에게 준 가장 강력한 충격은 "모든 것은 내가 하기 나름입니다. 상황은 얼마든지 만들어갈 수 있어요. 가장 뚫기 어려운 고객사가 있으면 언제라도 내게 알려주십시오. 새로운 시장을 뚫을 수 있도록 여러분과 함께 노력할 것입니다"라는 말이었다. 영업사원들에게는 늘 "내게는 가장 어려운 숙제만 가져오세요"라고 이야기했다. 그리고 그는 이를 실천함으로써 직원들에게 신뢰를 주었다.

후발주자가 늘 그렇듯 새로운 시장을 뚫을 때면 큰 어려움을 겪는다. 이때 영업맨들은 그에게 긴급구호 요청을 하곤 한다.

"사장님, 제가 새로 거래를 트려고 하는데 제 수준에서 할 수 있는 데까지는 마무리를 했습니다. 이젠 사장님이 그곳을 한번 방문해 지원을 해주시면 좋겠습니다."

말이 떨어지자마자 P사장은 영업맨과 함께 거래처를 방문해 상대방이 감동할 정도로 확신을 갖고 자사 상품을 소개한다.

직원들은 P사장과 함께 일하면서 마음속에 조용한 혁명이 일어나게 되었다고 한다. '아무리 상황이 어려워도 시장은 언제 어디서든 만들어갈 수 있다'는 사고의 혁명이었다. 또한 이런 일들이 반복되면서 '모든 것은 내가 만들어갈 수 있다'는 생각이 하나의 신념으로 자리를 잡게 되었다.

살아가는 일은 쉽지 않다. 특히 경쟁이 날로 치열해지는 상황에서 기회를 만들어내고 삶의 수준을 한 단계 한 단계 끌어올리는 일은 여간 어려운 일이 아니다.

또한 인간은 본래 자신의 상황을 다소 과장하는 성향을 지니고 있다. 상황이 불편하거나 어렵다고 여기게 되면 이를 필요 이상으로 과대 해석하는 경우가 많다. 마치 이 세상에서 지금 자신이 처한 상황이 가장 힘든 것처럼. 가끔은 자신이 처한 상황을 도저히 벗어날 수 없는 것으로 받아들여 극단적인 선택을 하기도 한다.

이들이 놓치는 삶의 중요한 부분은 언제, 어떤 상황에서든 자신만이 유일하게 상황을 해석할 수 있는 힘을 갖고 있다는 점이다. 자신이 가진 위대한 힘을 발휘할 수 있는 기회조차 포기해 버리는 사람들이 의외로 많다. '이제 더 이상 어찌할 수 없는 상황에 처하게 되었다'고 자포자기하는 사람들은 스스로를 외부 조건의 산물로 받아들인다.

이렇게 믿는 한 주변 상황은 계속해서 고통을 안겨줄 테고 그때부터는 삶을 주도적으로 살아가는 게 아니라 상황에 휘둘리는 삶을 살아가게 된다.

가끔 독자들로부터 편지나 이메일을 받는데, '저는 집안이 어렵기 때문에' '저는 지방대학 출신이기 때문에' '저는 평범한 집안 출신이기 때문에' 같은 문장으로 스스로를 주어진 상황의 처분에 맡기는 존재로 생각하는 사람들을 만날 때가 있다.

그러나 상황은 완전히 다르게 해석할 수도 있다. 어려운 집안에서 태어난 상황을 성장과 발전을 위한 강력한 동인으로 해석할 수 있다. 지방대학을 나온 상황도 마찬가지이며, 평범한 집안에서 태어난 것을 오히려 당당한 인생을 만들어가는 자양분이자 자극으로 활용할 수도 있다.

필자의 커뮤니티에 글을 올렸던 29세의 직장인 이야기를 들어보자.

29세의 대기업 직원입니다. 우연히 공 박사님의 『공병호의 10년 후, 세계』라는 책을 읽고 적잖은 충격을 받아 시리즈 3권을 모두 읽었습니다. 밤을 꼬박 새서 책을 모두 읽은 후에는 잠을 이룰 수가 없었습니다. 나같이 돈 없고, '빽' 없고, 나만이 할 수 있는 일이라고는 없는 평범한 직장인은 어떻게 해야 하나? 앞으로 어떻게 살아가야 할 것인가? 그런 고민 때문에 잠이 안 오더군요.

저희 아버지는 택시 운전을 하십니다. 하루 평균 10시간이 넘는 노동을 하시지만 요즘은 벌이가 신통치 않다고 힘들어하십니다. 그래도 요즘 같은 '이태백' 시대에 아들이 대기업에 들어간 것만으로도 무척 자랑스러워하십니다. 『부자 아빠 가난한 아빠』에 나오는 전형적인 가난한 아빠이시죠. 그런데 저는 언제부터인가 아버지와 대화가 불가능하다는 사실을 느끼고 있습니다. 아버지를 무시하는 것은 아니지만, 아버지는 직장생활을 해보신 적이 없습니다.

제 마음은 참 답답합니다. 지금 제 모습, 아니 저와 같은 수많은 샐러리맨의 모습은 예전 초등학교 시절에 무슨 뜻인지도 모르고 웃으면서 본 영화 〈모던 타임스〉의 찰리 채플린을 닮았습니다. 우리는 컨베이어벨트 앞에서 시간에 쫓기며 나사를 조이는 노동자에 지나지 않는 것 같습니다. 이제는 이해가 갑니다.

박사님이 제시해 주신 비전…… 저 같은 사람은 막막하기만 합니다. 나사 조이는 일을 하는 노동자가 박사님 책을 읽고 그대로 따라 한다고 달라지는 게 얼마나 있겠습니까? 그제 제 입사 동기는 직장을 그만두었습니다. 미국으로 유학을 간다고 합니다(원래 그 친구는 해외유학파 출신입니다). 그런 친구와 제가 같은 직장을 다녔다는 것 자체가 제겐 영광스런 일인지도 모릅니다. 요즘 저희 회사에 들어오는 신입사원들을 보면 다들 집안이 장난이 아닙니다.

1년, 2년, 직장생활을 할수록 '나는 이 회사에서 어디까지 승진할 수 있을까?' 하는 두려움만 생깁니다. 얼마 전 마광수 교수는 이런 말을 했다지요. "예쁜 아이들이 공부도 잘한다"고. 짧은 사회생활에서 겪은 바로는 잘사는 아이들이 얼굴도 예쁘고, 공부도 잘하더군요. 사회가 그렇게 변한 것 같습니다. 이제 더 이상 정주영 회장의 '맨손으로 일어나기'는 불가능한 시대인 듯합니다.

지금 돈만 있다면 이 나라를 떠나든 어떻게 하든 걱정이 없을 텐데……. 선진국처럼 차별 없이 공정한 기회가 부여된다면 도전해 보고 싶은데 저 같은 평범한 샐러리맨은 정말 방법이 없습니다. 공 박사님의 말씀이 다 맞고, 지금 한국의 방향은 문제가 있다고 보이지만 차라리 '좌향좌'의 세상이 되어버렸으면 하는 생각입니다.

제 마음처럼 오늘은 종일토록 날씨도 우울하네요. 일도 손에 안 잡히고. 10년 후, 그리고 아버지 나이가 되었을 때, 저는 택시 운전이라도 할 수 있을지 걱정이 앞섭니다. 친구는 한마디하더군요. 10년 후 걱정을 하면 행복한 놈이라고. 요즘은 당장 내일 걱정을 하는 사람이 부지기수랍니다. 앞으로 이 험난한 세상을 어떻게 살아가야 할지 걱정이 앞섭니다.

나보다 무려 15년 이상의 세월을 가진 젊은이의 글이 너무 우울했다. 물론 직장생활 초기에 주위가 깜깜하게 보이던 내 젊은 날을 회상해 보면 이해가 가지만, 글 전체에 흐르는 생각은 '상황이 모든 것을 결정한다'였다. 이 젊은이의 글에는 '내가 삶을 만들어갈 수 있다'는 생각이 어떤 대목에도 들어 있지 않았다. 나는 정작 고민해야 하는 것은 상황이 아니라 생각이라고 말하고 싶었다.

시대의 변화 속에서 어떻게 상황을 적극적으로 주도해 나갈 것인지 스스로에게 질문을 던져야 한다. 외부세계는 궁극적으로 생각이라는 내부세계에 따라 형성된다. 결코 상황이 인간을 만들지 않으며, 만들어낼 수도 없다.

나는 우리 젊은이들에게 말하고 싶다. 당신은 힘을 갖고 있다고. 상황이 나를 만드는 것이 아니라 내가 상황을 만들어간다는 생각만으로도 우리는 삶을 충분히 바꿀 수 있다.

2

원인은
내 안에 있다

부자의 생각

원인은 내 안에 있다. 따라서 해결책도 내가 갖고 있다.

빈자의 생각

원인은 외부에 있다. 그러니 내가 어쩌겠는가.

매일 똑같은 평범한 일상생활 속에도 예상치 못한 일들이 불쑥불쑥 끼어들 때가 있다. 급히 시동을 걸려고 하는 찰나에 자동차 키를 집에 두고 온 사실을 깨닫고 당황할 수도 있고, 중요한 약속을 잊어버려 난감한 처지에 놓일 때도 있다.

사소한 일이든 중요한 일이든 어떤 사건이 터졌을 때 그 원인을 해석하는 것은 마치 자극과 반응으로 이루어지는 자동반응기와 같다. 자동적으로 그 원인을 내부에서 찾는 경우가 있고, 반면 외부에서 찾는 경우가 있다. 만약 가난하다면 열심히 준비하고 성실히 노력하지 않은 스스로에게 원인이 있다고 생각할 수도 있고, 사회의 구조적인 문제나 일부 몰지각한 사람들 때문이라고 생각할 수도 있다.

이때 자신에게서 원인을 찾는다면 후일을 기약할 수 있지만, 외부에서 원인을 찾으면 가난에서 벗어날 가능성은 그만큼 낮아진다. 그러나 인간이란 본래 가능한 한 스스로 책임을 지려고 하지 않는다. 어떻게든 속죄양(Scapegoat)를 만들어 책임을 돌리는 데 익숙하다. "내 탓이오"보다는 "당신 탓이오"라고 외치는 게 보다 인간의 본능에 가까운 반응이다.

젊은 날 해외에서 조국의 민주화라는 목표를 두고 사회운동에 몸담았던 어수갑 씨의 저서 『베를린에서 : 18년 동안 부치지 못한 편지』에는 가난에 대한 이야기가 나온다.

　사실 가난은 사람의 삶을 여러 가지로 불편하게 만드는 것임을 부인할 수 없는 사실입니다. 굳이 헤겔의 양질전화의 법칙을 들추지 않더라도, 어느 정도의 한계를 넘게 되면 재화는 분명 인간 내면의 삶에까지 영향을 미치는 것 같습니다. 그것이 내게는 문제입니다.
　살다 보면 시도 때도 없이 맞닥치는 관혼상제며 사람들과의 만남의 자리에 돈은 종종 갖추어야 할 예의의 표상이 되곤 합니다. 그런데 그것이 절대적으로 부족하다 보면 의식적이건 무의식적이건 그런 기회를 피해야 되니 가히 그 정도면 자존심이고 뭣이고를 따지기 전에 먼저 인간으로서의 존엄이 무참하게 구겨지는 것입니다.
　그래서 나는 가난이 정말이지 이젠 지겹습니다. 그렇다고 도에 넘치는 부자가 될 생각은, 능력이나 기회를 따지기 전에, 물론 전혀 없지만, 가난하더라도 당당하게 살아갈 수 있을 만큼의 최소한의 재화는 필요하다는 생각입니다. 참, 남들은 '명퇴'당하는 나이에 이제야 그걸 깨달았다니 스스로도 한심한 노릇이지요.

한때 충남에서 제일가는 부자였던 아버지의 사업 실패로 어수갑 씨는 다섯 살 되던 해 겨울에 대전을 떠나 서울로 이사하게 된다. 그때부터 가난은 그의 삶이었는데, 그것은 그의 생각과 그에 따른 선택의 결과물이기도 했다. 가난의 원인을 내부가 아니라 외부로 돌려버린 것이다. 그리고 그는 가난할 수밖에 없는 인생의 길을 걷게 된다.

물론 어느 길이 더 나은가에 대해 섣부른 판단을 할 수는 없지만, 가난의 원인을 사회구조 탓으로 돌려버리는 한 누구든 가난을 벗어날 기약이 없다는 게 내가 그동안의 살아온 경험에서 깨달은 사실이다.

나를 비롯하여 세상 모든 사람들이 가난을 싫어합니다. 심지어는 가난이 죄인 양 여기는 사람도 있습니다. 또 적지 않은 사람들은 가난이 전생의 죄에서 기인한다고 생각하기도 합니다. 이 세상이 공평만 하다면, 세상의 부가 공평하게 지구상에서 분배가 되었다면 이 세상은 더 이상 가난하지 않으며 배고픈 사람이 존재할 틈이 없습니다. 가난이 죄가 아니라 아무리 노력해도 가난을 벗어날 수 없는 사회구조가 죄입니다.

가난을 사회구조 탓이라고 주장하는 사람들은 자신이 가진 그 생각만으로 이미 자신의 인생행로를 선택하게 되는 셈이다. 누가 가난을 강요하는 게 아니라 자신도 모르는 사이에 가난의 길로 접어드는 셈이다.

원인을 내부에서 찾는 일은 본능에서 벗어날 때 가능해진다. 이성적인 사고를 하지 않고서는 본능의 굴레를 벗어날 수 없다.

이성의 길을 선택하느냐 본능의 길을 선택하느냐에 따라 삶은 크게 달라지는데, 전자는 성장과 발전이 보장되지만 후자는 정체와 가난으로 연결될 뿐이다.

살다 보면 작은 실수부터 큰 실패까지 여러 사건들을 만나게 된다. 이런 실수와 실패의 순간에 그 원인을 어디서 찾느냐는 이후의 삶을 결정하며, 우리는 그런 선택의 결과를 심심치 않게 볼 수 있다.

월마트의 창업자 샘 월튼은 군을 제대한 후 32세 때 아칸소 주의 뉴포트라는 곳에 벤 프랭클린 잡화상을 세웠다. 자신의 돈 5,000달러에 장인에게 빌린 2만 달러를 보태 세운 상점은 5년 만에 연 매출 25만 달러, 연 이익 3~4만 달러를 기록하며 대단한 성장을 이루었다. 인수할 당시만 해도 연 매출은 7만 2,000달러에 불과한 데다 점포 임대료가 매출액의 5%를 차지하고 있었다.

샘 월튼을 제외한 누구도 이 적자투성이 상점의 성공 가능성을 내다보지 못했다. 그러나 그는 단 5년 만에 아칸소 주뿐 아니라 인근의 서너 개 주에서 더 큰 상점이 없을 정도로 벤 프랭클린 잡화점을 번듯한 사업체로 키워냈다. 하지만 사업가가 된다는 사실에 흥분한 나머지 샘 월튼은 작지만 치명적인 실수를 범했다. 계약서에 임대차 계약이 끝나는 5년 후 다음 계약을 갱신할 수 있는 선택권을 갖는 조항을 포함시키지 않았던 것이다. 그야말로 부주의함이 낳은 실수였다.

샘 월튼의 성공은 주위의 부러움을 샀고 5년이 지나자마자 땅 주인은 임대차 계약의 해지를 요구했다. 샘 월튼이 일구어낸 상점의 성공을 자신의 아들에게 고스란히 물려주고 싶었기 때문이다. 이 법률적인 실수로 샘 월튼은 5만 달러와 경험을 얻었지만 뉴포트를 떠나 다른 도시를 찾을 수밖에 없었다.

자서전 『샘 월튼』에서 그는 자신의 실수를 두고 "나는 그런 터무니없는 계약에 바보처럼 속아 넘어간 것에 대해 나 자신을 비난했고, 땅 주인에게 불같이 화가 났다"고 회고하고 있다. 그러나 그는 결코 실수를 실수로 내버려두지 않았다.

나는 옛날부터 일단 실패를 맞아 꾸물거리는 형이 아니었고, 그때도 그렇게 하지 않았다. 어떤 나쁜 상황에서도 열심히 일하면 긍정적인 상황을 만들어낼 수 있다는 말은 한낱 진부한 표현이 아니었다. 나는 언제나 문제를 도전으로 생각해 왔고, 그 점에 있어서는 이번 일 역시 마찬가지였다. 나는 그 경험이 나를 변화시켰는지 어떤지 알 수 없다. 그후 나는 계약서를 훨씬 더 조심스럽게 읽어보게 되었고, 아마도 세상이 얼마나 험할 수 있는가에 대하여 조금쯤은 용의주도해질 수 있었던 것 같다. 나는 실망에 잠겨 오래 꾸물거리지 않았다. 바로 가까이 있는 도전은 이해하기 어려운 것이 아니었다. 나는 용기를 되찾아 일을 진척시켜야 했고, 모든 것을 다시 해야 했다. 다만 이번에는 더 잘 해야 했다.

실수나 실패를 맞았을 때 샘 월튼처럼 스스로의 실수를 인정하고 자신을 추스른 다음 다시 일어서는 것은 대단한 능력이다. 샘 월튼은 잡화점을 팔고 손에 넣은 돈 5만 달러를 두고 '축복'이란 표현을 쓸 만큼, 긍정적으로 '나도 언제나 실수를 할 수 있는 사람이다'라는 사실을 기꺼이 받아들였다.

아마도 자신의 사업체를 빼앗다시피 한 땅 주인을 미워하고 그것에 연연했다면 그는 오늘날의 월마트 신화를 만들어낼 수 없었을 것이다. '그래, 내가 실수했어. 다음에는 결코 그런 실수를 하지 않겠어.' 이렇게 훌훌 털어버리고 다시 시작했기에 오늘의 그가 있을 수 있었다.

한편 전국 곳곳에 술도가들이 있었지만 그중에서도 전통주 사업으로 번듯한 기업을 일군 국순당 배상면 회장도 젊은 날에 샘 월튼과 비슷한 경험을 한 적이 있다. 이제 팔순이 넘은 배상면 회장은 1960년대 초 약주 양조장을 할 때의 쓰라린 경험을 아직도 기억하고 있다.

당시 약주 양조장은 대부분 탁주 생산을 병행하고 있었다. 약주에 대한 주세는 높고 탁주에 대한 주세는 낮았기 때문에 두 가지를 다 생산하면서 세금은 탁주 생산량에 맞추는 게 업계의 관행이었다. 세무 당국이 눈감아주기도 해 그런 편법이 유행하고 있었는데, 그도 딱 한 번 약주 한 독에 대한 세금을 속이려다 특별 단속에 걸리고 말았다. 결국 그는 약주 한 독뿐 아니라 한 달분에 상당하는 벌과금을 무는 곤욕을 치렀다.

재수가 없어서 걸렸다거나 그 정도는 봐주면 안 되나 하고 생각할 수도 있었을 것이다. 그러나 그는 그 사건으로 "탈세는 나라의 돈을 훔치는 도둑이므로 벌을 받아 마땅하다. 이후부터는 사업에서 어떤 부정행위도 절대 하지 않겠다. 나는 스스로 맹세를 했다. 이처럼 굳게 다짐한 것이 내 평생 마음속에 깊이 뿌리를 내렸다"고 말한다.

그렇게 강건하다고 할 만큼의 정도경영과 제품 자체에 승부를 건 결과, 그는 국순당과 배상면주가로 민속주의 부활과 대중화에 성공을 거두게 되었다.

생각의 콘텐츠에서 빼놓을 수 없는 대목이 바로 '내부에서 원인을 찾는다'이다. 이것이야말로 한 인간이 평범한 삶에서 원대한 삶으로 나아갈 수 있는 중요한 단서이다. 그렇게 생각해야만 더 나아질 수 방법을 찾는 데 시간과 에너지를 쏟을 수 있기 때문이다.

모든 원인을 내부에서 찾을 수는 없겠지만 가능한 한 자신의 내부에서 원인을 찾는 일을 생활화해 보라. 문제가 발생하면 '외부의 것은 차치하고 내부의 원인은 어떤 것일까?'라고 스스로에게 다짐하듯 물어보라. 당신의 삶은 훨씬 풍성해지고 나아가 성공의 길로 좀더 가까이 달려갈 수 있을 것이다.

3

그래도
기회는 있다

부자의 생각

부자의 생각

기회는 언제 어디에나 있게 마련이다. 기회를 찾아나서는 게 삶이다.

빈자의 생각

더 이상 기회는 남아 있지 않다. 다른 사람이 모두 가져가 버렸기 때문이다.

어느 가을 오후, 출간할 책에 관해 출판사에서 편집회의를 마치고 돌아가는 길이었다. 홍대 앞에서 택시를 타고 양화대교 쪽으로 가면서 50대 후반의 기사 분과 이런저런 대화를 나누었다.

"예전에는 김포공항에서 내린 귀빈들이 이 길을 이용했지요. 외국에서 높은 사람이라도 오면 이쪽이 야단법석이었어요. 잘나가던 예전에 비해 이쪽은 발전이 더딘 편입니다. 다른 데는 정말 많이 발전했지만 이쪽은 영 재미가 없었는데 이제야 조금씩 기지개를 켜는 것 같네요. 저는 이곳에서 죽 살아왔습니다. 채소밭을 일구던 때부터 택시를 모는 지금까지 이곳을 지날 때마다 옛날 생각이 많이 납니다."

농담 반 진담 반으로 나는 "그때 땅이라도 조금 사두지 그랬습니까. 이쪽은 땅 값이 싼 편이었을 텐데요"라고 말했다. 그가 대답했다.

"옛날이나 지금이나 그런 여유가 없습니다. 하루 벌어 하루 살기 바쁘거든요. 아이들 교육시키다 보니 어느새 세월이 이렇게 흘렀네요. 손님은 저보다 연세가 아래인 것 같은데 아직 늦지 않았습니다. 기회란 오고 가는 것 아니겠어요. 이젠 기회가 없다고 말하는 사람들도 많지만 저는 그렇게 생각하지 않습니다. 늦었다고 생각하는 것은 옳지 않습니다. 지금도 얼마든지 기회가 있어요. 없는 것은 아니랍니다."

그가 옛날을 되돌아보며 툭 던진 말에 나는 잠시 생각할 거리를 얻게 된 셈이었다. 차를 타고 가는 내내 돈은 얼마를 벌며, 어떻게 사용하는가에 대한 그의 이야기가 이어졌기 때문에 나는 그의 생활이 다른 택시기사와 마찬가지로 여유 있는 편은 아니라는 사실을 잘 알았다. 그러나 그는 인생에 대한 나름대로의 생각을 정리하고 있었다. 기회란 항상 생기며, 늦었다는 말은 옳지 않다는 생각이 바로 그것이다.

기회를 바라보는 눈은 모두 제각각이다. 어떤 사람은 기회를 난공불락의 요새처럼 여긴다. 앞선 사람들이 모두 챙겨갔기 때문에 뒤에 오는 사람들에게 남겨진 것은 없다고 생각한다. 물론 기회의 양 면에서는 차이가 있을 수 있다. 어느 사회에서나 혼란과 무질서가 지배하는 경제의 초엽 단계에는 기회를 잡을 수 있는 가능성도 많다. 하지만 질서가 잡혀가기 시작하면서 기회의 문도 좁아진다. 평균적인 의미에서 기회의 양이 적어지는 것은 사실이지만 그렇다고 해서 더 이상 기회가 없다고 할 수는 없다. 다만 기회를 잡기 위해 더욱 노력해야 하는 것이다.

앞선 자들이 모든 기회를 차지해 버렸다고 믿는 사람들의 입에서 흔히 등장하는 단어는 '기득권(旣得權)'이다. 그 말을 즐겨 사용하는 사람들의 머릿속에는 아마도 '더 이상 기회는 없다'는 굳센 믿음이 자리를 잡고 있을 것이다. 그들은 또한 인위적으로 기득권을 해체하는 일이 정의라고 생각할지 모른다. 기득권을 해체하는 지름길은 혁명에 준하는 방법을 사용해 기득권을 빼앗아 나누어주는 것이다. 그러나 불행히도 그런 목적을 가진 대개의 움직임들은 실패했고, 그것이 인류 역사가 우리에게 가르쳐준 중요한 교훈이다.

행여 자신의 입에서 기득권이라는 말이 자주 나오는지를 주의 깊게 살펴볼 일이다. 만일 그 단어가 자주 나온다면 한번쯤 나는 '더 이상 기회는 없다'라고 생각하고 있지는 않은지 점검해 볼 필요가 있다. 이런 생각을 갖고서는 기회를 만들어낼 가능성조차 없기 때문이다.

자본주의란 기득권을 만들어내기 위한 일련의 게임이다. 그리고 게임이 벌어지는 곳은 정태적인 사회가 아니라 대단히 역동적인 사회다. 설령 기득권을 누릴 수 있는 위치에 선다고 해도 오래도록 유지하는 것이 보장되지도 않는다.

한때 내게 영광을 주었던 고객들의 변화에 발맞춰 끊임없이 스스로를 개혁해 나갈 수 없다면 언제든지 실패의 나락으로 떨어질 수 있다. 이것이 자본주의가 가진 가혹함이다. 따라서 아무리 큰 성공을 거둔 사람이라 해도 오만함을 갖고 자신에게 부와 명성을 가져다 준 고객으로부터 멀어져 가게 되면 추락을 피할 수 없다.

기득권이란 단어는 정체의 느낌을 포함하고 있다. 마찬가지로 기득권이라는 말을 자주 하는 사람은 세상을 정체되어 있는 것으로 생각한다고 할 수 있다. 그러나 우리가 살아가고 있는 이 세계는 대단히 역동적이다. 이 세계의 역동성을 받아들이는 사람은 언제 어디서나 기회가 있다고 생각한다.

인생이란 기회와 위기라는 씨줄과 날줄로 엮어져 있다. 위기가 닥치면 사람들은 마치 그 위기가 끝나지 않을 듯이 낙담하고 의기소침해진다. 심지어 가장 소중한 생명을 스스로 끊어버리는 경우도 있다. 그러나 마치 야구처럼, 인생에서도 위기가 지나가고 나면 반드시 기회가 온다. 단순히 듣기 좋은 말이 아니라, 실제 이런 경험을 여러 차례 반복하면서 위기 뒤에는 반드시 기회가 온다는 믿음을 갖게 되었다.

『빵 굽는 CEO』의 저자인 1953년생 김영모 씨. 고등학교 1학년을 중퇴하고 17세에 경북 왜관에서 빵집 보조로 출발한 그는 1982년 서초동 6평 가게에 자신의 이름을 건 '김영모 과자점'을 열었다. 막강한 자본력을 가진 대형 체인 제과점들을 누르고 그는 강남 최고의 명물로 자신의 가게를 자리 매김했다.

1998년에는 대한민국 제과 기능장이 되었고, 몇 년 전 서초방송이 서초구민을 대상으로 한 '서초구 하면 가장 먼저 떠오르는 것은 무엇인가?'라는 설문조사에서는 김영모 과자점이 수많은 경쟁자들을 물리치고 1위를 차지했다. 도곡동 타워팰리스점은 '타워팰리스 전용 빵집'이라는 별명을 얻기도 했다.

그는 명문 집안 출신도, 서울대 출신도, 해외유학파 출신도 아니다. 다만 '최악의 경우를 생각하라, 최악의 경우를 그대로 받아들여라, 그리고 최악의 경우를 개선하라!'라는 생각을 갖고 있었을 뿐이다. 그는 최악의 상황에서조차 그 한계를 뛰어넘을 수 있고, 기회의 문을 열 수 있다고 생각했다. 그리고 그런 생각 때문에 빵을 만드는 기능인으로서 한국 최고의 자리에 설 수 있었다.

"사람은 누구나 연단(練鍛)의 기간이 있다"고 김영모 씨는 말한다. 여기에 나는 "연단 기간이 끝나면 반드시 기회의 문이 열린다"는 말을 덧붙이고 싶다. 누구에게나 시련의 시기, 도전의 시기가 지나면 기회가 찾아온다. 또한 이런 생각은 직접 경험이 쌓이면서 강한 신념으로 발전한다.

누구라도 '더 이상 기회는 없다'는 체념이 생각의 중심을 차지한다면 가난하고 비굴한 삶을 벗어나기 어렵다. 빈부 격차가 날로 확대되어 가는 시대, 저성장이 심화되고 실업이 증가하는 시대, 명예퇴직 등 중년의 실업과 고령화의 파고가 높아지는 시대에 우리 생각의 중심에는 기회를 바라보는 건강하고 올바른 관점이 자리잡고 있어야 한다.

4

내가
책임을 진다

한국인은 세계에서 가장 빠른 속도로 고령화 되고 있지만 정작 노후를 대비하는 사람은 두 사람 가운데 한 사람도 채 안 된다는 조사 결과가 나온 적이 있다. 《조선일보》와 미래에셋증권의 공동 여론조사에서 나온 이 결과는 미국·영국·일본·브라질·캐나다·중국 등 다른 10개국과는 차이가 났다.

미국과 중국, 캐나다에는 은퇴를 준비하는 사람이 80~97%였다. 44.1%인 한국은 32%인 일본과 43.5%인 브라질과 함께 개인 차원에서의 노후 준비가 가장 안 된 그룹에 속했다. 그렇다면 한국인은 은퇴 이후의 생활을 어떻게 계획하고 있는가? '정부가 개인의 노후를 상당 부분 책임져야 한다'는 답변이 의외로 많았다.

한국인은 유달리 정부에 대한 기대가 컸다. '앞으로 은퇴한 사람에게 필요한 대부분의 비용을 정부가 부담할 것으로 보는가?'라는 질문에 45.9%가 '그렇다'고 응답했다.

이는 사회주의 체제인 중국(36%)보다도 월등히 높은 수치이며, 11개 조사 대상국 가운데서 가장 높다. 인도(4%), 멕시코(6%)는 한 자리 수에 불과했다. 미국과 영국은 각각 20%였고, 홍콩(19%) 프랑스(12%) 등

은 10%대였다. -《조선일보》 2005. 9. 15

특별한 상황이 일어나지 않는 한 한국은 앞으로 저성장 국가에서 벗어날 가능성이 높지 않다. 국가 역시 세금 수입의 부족이나 재정 위기의 가능성을 완전히 배제할 수 없다. 설령 그런 위기를 고려하지 않더라도 각종 연금의 위기는 이미 충분히 예상할 수 있다. 이 같은 객관적인 정황에도 불구하고 개인의 노후를 정부가 상당 부분 책임질 수 있다고 판단하는 것은 지나치게 낙관적인 전망이다. 뿐만 아니라 정부에 대한 낭만적인 기대에 기초하고 있다.

국가란 결국 같은 국적을 갖고 살아가는 사람들의 조합이 아닌가. 그렇다면 정부에 의존한다는 것은 결국 다른 사람의 세금에 의존한다는 게 아닐까. 이 같은 여론조사 결과를 보며 나는 한국인들이 가진 개인적 책임감에 대한 문제를 생각해 보았다.

어디에나 '사회적(Social)'이라는 단어를 붙이기 좋아하는 사람들이 있고, 반면 '개인적(Individual)'이라는 단어를 사용하기 좋아하는 사람들이 있다. 한 인간이 세상에 태어나 살아갈 때 생면부지의 타인에게 자선이나 기부, 그 밖의 도움을 요구할 권리를 갖고 있다고 이야기할 수는 없다. 그런 도움이 자발성에 기초하고 있다면 몰라도 강제로 다른 사람의 삶을 책임져야 한다면 받아들이기 쉽지 않을 것이다. 그래서 타인의 책임 범위는 항상 제한적이어야 한다. 국가 혹은 정부란 너무 넓은 범위이다.

옳고 그름은 제쳐두고라도 다른 사람의 도움을 받는 의타적인 관계가 형성되면, 스스로 운명을 개척해 나갈 수 있는 강인한 정신력을 상실하게 된다. 또한 한번 의존하게 되면 오래도록 의존하게 된다. 신체 부자유 등의 사유로 스스로 삶을 꾸려갈 수 없는 상황에 처한 경우를 제외하면, 타인의 도움에 의지하는 삶은 올바르지 않다고 생각한다.

나이가 들었다고 성인은 아니다. 진정한 의미의 성인이란 경제적, 육체적, 심리적인 면에서 홀로서기가 가능한 사람이다.

추석이 저물어가는 늦은 시간에 몇몇 지인들을 만났다. 그 가운데 한 사람이 "한국 남자들은 여자들에 비해 혼자 사는 데 익숙하지 않은 듯합니다. 부부가 떨어져 살게 되면 남자들이 많이 힘들어합니다"라며 '기러기 아빠'나 퇴직 이후의 남자들이 겪는 이런저런 이야기들을 들려주었다.

어릴 때부터 끼고 키우는 우리의 육아문화에서 아이들은 서양과는 전혀 다르게 성장한다. 학교나 직장도 피아(彼我)를 구분하는 문화는 아니다. 인간관계에는 '우리'라는 개념이 압도적이어서 유독 우리의 언어 속에는 우리라는 단어가 많이 등장한다. 성인이 되고 나서도 항상 곁에는 친구가 있고 직장 동료가 있기 때문에 자신을 엄격히 타인으로부터 분리된 상태로 인지할 수 있는 기회가 없다.

많이 달라지긴 했어도 부부관계 역시 상대방과 나라는 존재가 분리되기보다는 '일심동체'로 흔히 표현되곤 한다. 우리는 탄생

부터 시작해 은퇴에 이르기까지 허허벌판에 홀로 서 있는 비장함을 느끼고 배우기 어렵고, 행여 혼자라도 되면 어쩔 줄 몰라 당황하는 경우가 많다. 특히 남자는 그 정도가 심한 편이다.

앞서 언급한, 노후를 정부에 기대하는 심리는 누군가 늘 함께 해왔고 지금도 함께하고 있다는 위안을 받으며 살아온 이들에게 어쩌면 당연한 일인지도 모른다. 이런 심리적 상태에서는 스스로 책임을 지는 일이 선택이 아니라 필수라는 사실을 받아들이기가 쉽지 않다.

책임(Responsibility)이란 '잘 응답할 수 있다'는 뜻이다. 이 단어에는 '대답(Response)'과 '노련한 능력(Ability)'이라는 의미가 들어 있다. 결국 책임이란 '노련하게 대답하는 능력'을 뜻한다. 그런 능력을 갈고 닦아나가는 것은 바로 나 자신의 개인적 책임이다.

지구상의 수많은 종(種)들은 저마다의 생존을 위해 지금 이 순간에도 온갖 노력을 다하고 있다. 이들은 '우리'라는 집단이 아니라 '나'라는 개체를 중심으로 노력하고 있는 것이다. 하나하나의 개체가 '노련하게 대답하는 능력'을 갖고 있으면 생존과 번영이 보장되지만 그렇지 않다면 반대의 결과가 올 수밖에 없다. 아무리 부담스럽고 버거워도 스스로 책임을 져야 한다는 사실을 피할 수는 없다. 생명을 갖고 세상에 나오는 순간부터 각자는 스스로 책임을 져야 한다.

'내가 책임을 진다'는 생각은 기업의 명운을 결정하기도 한다.

1994년, 창사 이래 최악의 위기를 맞았던 인텔의 사례를 보자. 창사 후 26년 동안 정보통신 혁명의 기반인 메모리 칩과 마이크로 프로세스 개발에 성공한 인텔은 연 평균 30%가량의 고도성장을 지속하고 있었다.

1994년에 인텔은 최신형 마이크로 프로세스인 펜티엄 프로세서에 총력을 기울이고 있었고, 모두들 이 제품도 시장에서 대 히트를 칠 것으로 예상하고 있었다. 하지만 칩 설계상의 사소한 오류로 90억 회에 1회씩 나눗셈에서 근삿값 오류가 발생하는 사건이 터졌다.

처음 인텔은 이 문제를 심각하게 받아들이고 점검을 했지만, 슬슬 90억 회에 1회라는 결과에 안심해 대충 넘어갈 채비를 하고 있었다. 그러나 인터넷에 올라온 고객들의 불평과 이를 증폭시키는 데 일조한 CNN 방송 등의 공격은 날로 거세졌다. 일단 먹잇감을 확보한 언론들은 너나 할 것 없이 '펜티엄 칩 정확도에 문제 발생' '펜티엄에 대한 명제: 구매할 것인가 말 것인가' 같은 제목으로 파상적인 공세를 계속했다.

12월 12일, 설상가상으로 IBM은 펜티엄 칩 장착 컴퓨터의 판매 중지 결정을 내렸다. IBM의 구매 중지는 인텔을 최악의 상황으로 몰고 가기에 충분했다. 전화통에 불이 났고 직원들은 어찌해야 할지 몰라 우왕좌왕했다.

이 조그만 오류가 6주도 안 되는 사이 무려 5억 달러의 손실을 낳으리라고는 누구도 예상하지 못했다. 몇 주 동안 폭주하는 비난

전화와 벌떼처럼 일어난 언론들을 보면서 인텔의 최고경영자 앤드루 글로브는 스스로 책임을 지기로 굳게 결심한다. 12월 19일, 그는 이미 수백만 개나 팔린 칩을 원하는 사람들에게 리콜해 주기로 결정했다. 확률적으로 오류가 일어날 수 있는 칩은 서너 개에 불과하기 때문에 반대하는 직원들도 많았다. 게다가 그의 결정이 가져온 손실은 4억 7,500백만 달러로, 인텔 반 년분의 기술개발 예산이자 5년분의 펜티엄 프로세서 광고비와 같았다.

앤드루 글로브는 고도성장이라는 성과에 취해 고객과의 관계가 근본적으로 변화했음을 알아차리지 못했다. 그리고 그런 자신과 인텔에 근본적인 책임이 있다는 사실에 근거해 새로운 결정을 내린 것이다. 스스로 책임을 지기로 한 심경을 그는 이렇게 이야기했다.

결론적으로 우리 모두는 변화의 바람에 스스로를 열어두고 있어야 한다. 과거에 집착함으로써 잃어버리게 될지도 모르는 소비자층에게나, 변함없이 남아 있는 소비자층에게나 우리 자신을 열어두고 있어야 한다. 또한 우리의 많은 의문에 해답을 갖고 있는 하위직 직원들의 소리에도 귀를 기울여야 한다. 우리를 평가하고 비평하는 언론인들이나 금융권의 소리에도 기꺼이 귀를 기울여야 한다. 시선을 돌려 그 사람들에게 물어보라. 경쟁자들에 관해, 산업계의 현재 동향에 관해, 그리고 우리가 해결해야 할 문제에 관해 말이다. 우리가 스스로를 적나라하게 드러낼 때 우리의 감각과 본능은 눈부시게 예리해질 것이다. -앤드루 글로브, 『편집광만이 살아남는다』

언제나 '내가 책임을 진다'는 생각을 굳게 가져보라. 상황을 타개할 수 있는 지혜, 용기, 추진력은 그런 생각에서 나온다. '당신들이 책임져야 할 일이야'라고 생각하는 순간 문제 해결을 위한 방법은 이미 사라지고 만다.

5

더 이상
안정은 없다

중학생과 고등학생을 위한 자기경영 프로그램을 운영하면서, 한국사회에서 의사라는 직업은 여전히 청소년들의 선망 직종임을 확인하게 된다. 프로그램에 참석하는 청소년들 중 많은 수가 자의 반 타의 반으로 의과대학에 가고 싶어한다. 물론 정말 좋아서 그 분야를 원한다면 문제가 없지만, 의사는 다른 분야에 비해 턱없이 높은 선호도를 보인다.

의료 분야에 종사하고 있지 않으면서 자녀가 의과대학에 가기 원하는 학부모 가운데 현재 의료 분야에서 일어나고 있는 일들을 정확히 이해하고 있는 수는 많지 않을 듯하다. 지금도 전국 41개 의과대학에서 매년 3,000여 명의 의사들이 쏟아져 나오고 있다. 환자 수는 제한되어 있는 가운데 늘어나는 의사의 수는 병원경영을 악화시키는 중요한 요인으로 작용한다.

대한병원협회가 30인 이상 수용할 수 있는 병원을 대상으로 조사한 결과에 의하면, 폐업 병원 비율은 2001년 35.7%에서 2004년 62.5%로 두 배 가까이 증가했다. 그나마 30인 이상의 병원은 상황이 나은 편이다. 개인병원의 경영난은 더욱 심각하다. 서울만 해도 2004년 한 해 동안 폐업한 병원은 387개였지만, 올해는 673개에 달한다. 이미 의사라는 직업이 당면하고 있는 현실은 탄탄한 미래를 보장해 주지 못하고 있다.

의사뿐 아니라 변호사와 회계사도 상황은 비슷하다. 변호사 수는 1999년 3,884명에서 2002년 5,073명, 2005년에는 7,000명을 훌쩍 넘어섰다. 변호사 1명당 수임 건수는 1999년 46.9건에서 2002년 38.2건, 2005년 34건으로 갈수록 떨어지고 있다. 회계사 역시 1998년 4,171명에서 2005년 7,922명으로 급격히 늘어나 전통적인 회계 업무 외에도 고객 유치 같은 부담까지 안고 있다.

한때 우리사회에서 의사, 변호사, 회계사는 부와 출세 그리고 안정의 상징이었다. 그러나 이젠 모두 과거의 일이 되어버렸다. 훨씬 긴 시간을 투자해야 하고 남들보다 많은 것들을 희생해야 하는 전문 분야에서 일어나고 있는 일들은 더 이상 안정된 직업은 없음을 말해 준다.

그럼에도 불구하고 이 땅의 많은 젊은이들은 공무원이나 의사, 변호사, 회계사 같은 직업에 젊음을 투자하고 있다. 진정으로 원해서가 아니라 단지 안정을 구하기 위해 젊음을 투자하고 있다면 큰 문제가 아닐 수 없다. 특히 저성장이 계속되고 실업 문제가 중요한 사회 현안이 되면서 진로부터 직업 선택, 생활의 크고 작은 일과 관련된 의사결정 과정에서 안정은 이제 뚜렷하게 추구해야 할 가치가 되었다.

그러나 현실에서 과연 '안정'이란 가능한 일일까. 게다가 안정을 머물러 있는 상태의 개념으로 이해하고 있다면 이보다 더 위험한 일도 없다. 우리의 현실에서 안정은 '안정을 향해서 끊임없이 나아가는 것, 혹은 추구하는 것' 정도로 이해해야 한다. 안정을 이미 성취한 권리 혹은 전리품으로 받아들이는 순간 '안정'은 '위험'과 동의어가 된다. 모든 것은 지금 이 순간에도 끊임없이 변화하고 있기 때문이다. 특정 시점에서 적응에 성공한 상태를 안정이라고 생각하겠지만 그렇게 생각하는 순간 이미 특정 시점과 관련된 환경은 또다른 상태로 변화하고 있다.

기업이 성장해 가는 모습은 안정에 대해 시사하는 바가 크다. 몇 사람이 모여 만든 조직은 노력과 시운이 함께한다면 코스닥 같은 자본시장에 상장할 수 있는 기회가 생길 가능성도 있다. 그러나 몇백억 원 정도의 외형으로 기업을 키우는 일은 정말 어렵고, 상장기업이 된다고 해서 반드시 기업이 성장하는 것은 아니다. 삶이 문제를 해결해 가는 일련의 과정으로 이루어지듯 기업 역시 늘 새로운 문제를 떠안게 된다.

창업을 거쳐 웬만큼 기업의 꼴을 갖추기 시작할 때 많은 기업이 부딪치는 문제가 있다. 창업 공신들, 즉 처음부터 동고동락했던 임원들 문제가 어김없이 등장하는 것이다. 사람은 가능한 한 오랫동안 익숙한 것에 머물러 있으려 한다. 몇몇이 모여 살아남기 위해 안간힘을 쓸 때 임원이 갖추어야 할 자질과 상장기업이 되고 난 다음에 갖추어야 할 조건은 엄연히 다르다.

창업자 역시 비슷한 문제점을 갖는 경우가 많다. 이런 상황에 처하면 창업자는 자신의 지분을 넘기고 업계를 떠나는 게 상책이지만, 과거의 익숙한 관행에 젖어 행동하다 기업의 가치를 떨어뜨리고 급기야 위기를 맞는 경우도 있다. 그래도 창업자는 매일 살아남아야 한다는 심한 압박감을 느끼기 때문에 실수할 가능성이 낮은 편이다.

창업을 함께한 임원의 경우는 정해진 날짜에 봉급이 나오기 때문에 변화를 받아들이는 태도가 창업자와는 다르다. 새로운 환경에 적극적으로 적응하기보다 안정이란 상태에 머물고 싶어 한다. 그동안 고생을 많이 했으니 어느 정도 대우를 받고 싶어하기도 한다. 이것이 보통 사람들의 마음이다. 끊임없이 스스로를 변화시키는 것은 보통 사람들이 쉽게 할 수 있는 일이 아니다.

따라서 상장에 성공한 중소기업의 경우 어김없이 창업을 함께한 임원들의 변신 문제가 성장의 현안 과제로 등장하게 된다. '임원의 경쟁력이 회사의 경쟁력이다'라는 말처럼, 임원 문제는 중소기업이 일정 규모 이상으로는 성장이 한계에 부딪힐 때 그 원인이 되는 부분이다.

다른 해결책은 없다. 창업 임원들을 내보내거나 창업 임원들 스스로 안정에 대한 개념을 재해석하고 새롭게 생각을 정리해야 한다. 안정을 현재진행형으로, 즉 안정을 추구하는 것 혹은 안정을 향해 나아가는 것으로 받아들이면 된다. '내 사전에 안정이란 단어는 없다'는 생각을 굳게 가지면 모든 문제는 눈 녹듯 사라질 것이다.

대기업도 마찬가지다. 구성원들은 기업의 규모가 안정을 제공해 줄 수 있다고 믿기 쉽다. 그런 착각을 주는 것이 대기업의 직장생활이다. 하지만 몸담고 있는 조직이 업계에서 압도적이거나 독점적인 지위를 유지하고 있기에 영원한 안전판을 제공해 주리라는 생각이 착각이란 점을 깨우치는 데는 오랜 시간이 걸리지 않을 것이다.

사기업이든 공기업이든 모든 조직은 살아남는 게 목적이고, 이런 과정에서 필요한 조치들은 계속 추진되어 나갈 것이다. 모든 영역이 시장으로 쏜살같이 들어가는 시대에 시장만이 조직의 운명을 결정할 수 있다. 따라서 운명을 결정하는 것은 조직의 규모가 아니라 시장의 흐름이나 트렌드가 될 것이다.

자기 사업을 하다보면 안정이란 단어를 온몸으로 재해석하게 된다. 한때 안정을 보장해 주었던 제품이나 서비스, 조직 그리고 사업 포트폴리오는 끊임없이 변화해야 함을 누구보다 잘 알게 된다. 전통적인 의미의 안정이란 한마디로 환상에 불가할 뿐이라는 사실을 절감하는 것이다. 이런 냉엄한 진실을 언제 깨닫느냐는 매우 중요하다. 조직에 몸담고 있는 사람이라면 미래를 준비할 만한 시간과 에너지가 있을 때 깨달아야 하고, 자기 사업을 하는 사람이라면 재투자를 할 만큼 자원을 갖고 있을 때라야 한다.

썩은 고목은 변할 필요가 없지만 살아 있는 나무라면 이야기가 달라진다. 특히 살아 숨쉬는 인간들이 교류하는 세상은 살얼음판과 같다. 방법이 없는 것은 아니다. 처음부터 안정이라는 단어는 없다고 생각하면 된다. 그러면 애당초 안정이라는 언덕에 비비려는 마음을 먹지 않을 수 있다.

6

나만의 생각이
있어야 한다

나는 남들과 똑같이 하지 않을 것이다. 언제나 나만의 독창성을 갖기 위해 노력한다.

남들 하는 대로, 있던 대로만 하면 된다. 사서 고생할 필요는 없다.

조찬 강연을 마치고 K사장과 자리를 함께 했다. 젊은 나이에 벤처업계에서 대단한 성공을 거둔 K사장을 직접 만난 것은 처음인 까닭에 나는 그가 구체적으로 어떤 생각을 갖고 기업을 이끌고 있는지 무척 궁금했다.

"저는 대기업에 꽤 오래 있었습니다. 가까이에서 오너와 간부들이 어떤 관계를 형성하게 되는지를 보면서, 기업들의 잘못된 관행 가운데 하나가 '패거리문화'라는 생각이 들었습니다. 그래서 내가 이 다음에 조직을 만들면 패거리문화는 절대로 발붙이지 못하게 해야겠다고 굳게 결심했지요."

내가 강연하면서 간부들을 중심으로 형성되는 '내 사람 만들기'를 조직이 경계해야 할 점으로 꼽은 것을 듣고 자신의 생각을 털어놓은 것 같았다. 그의 이야기는 한 걸음 더 나아가 경영철학으로 연결되고 있었다.

"저는 창업 이후 계속 '누가 올바른가?' 대신 '무엇이 올바른가?'를 중심으로 사고하고 판단을 내리기 위해 노력해 왔습니다. 또 기업을 이끌어가면서 올바른 것이 반드시 성과가 좋은 것은 아니라는 사실도 깨달았습니다. 늘 올바르게 사고하고 판단하는 사람들이라고 해서 꼭 높은 성과를 내지는 않는다는 점을 깨우치기 시작한 셈입니다. 그래서 저는 경영에서 올바른 것 이상의 무엇이 있다고 생각했습니다. 그것이 무엇일까? 그 대답을 찾던 중 높은 성과를 내는 임직원들은 자기 생각과 의견을 가진 사람들이란 사실을 깨우치게 되었습니다.

자기 생각을 가진 사람들은 스스로 방법을 생각해 낼 수 있고, 이들이야말로 남이 가지 않는 길에서 기회를 찾고 특별한 무엇을 만들어낼 수 있습니다. 그래서 저는 자기 의견을 갖고 행동하는 임직원들에게 더 많은 기회를 주어야 한다고 생각합니다. 물론 저는 이런 생각을 행동에 옮겼고, 제 판단대로 자기 의견을 가진 임직원들은 높은 성과를 내고 있습니다."

자기 의견을 갖는 일의 중요성을 일찍부터 주장해 왔던 까닭에 나는 K사장의 말에 깊은 공감을 표시했다. 특징 없이 남이 하는 대로, 남이 가는 대로 무작정 따라가서는 이도 저도 아닌 상태에 처하기 십상이다.

강연에서 돌아와 읽은 책은 《일본경제신문》이 펴낸 『일한다는 것』이었다. 책에는 일본의 3대 사립 고등학교 중 하나인 무사시 고등학교를 졸업한 38세의 무네키치 도시히코의 이야기가 소개되어 있었다.

2003년 7월, 무사시고등학교 동창회에 참석한 반 이상은 도쿄대를 나와 의사나 변호사, 관료가 되거나 대기업에 다니는 등 이른바 엘리트 코스를 밟고 있는 사람들이었다. 그들이 모여서 나누는 이야기는 회사가 어떻고 사회가 어떤가 등 보통 사람들이 흔히 나누는 대화의 폭을 넘지 않았다. 무네키치 도시히코는 "역시 모두들 조직이라는 틀 안에서 벗어나지 못하고 있어!"라는 탄식밖에 나오지 않았다.

무네키치 도시히코는 삼수 끝에 겨우 와세다대학에 입학했는데, 그는 자신의 삶을 이렇게 회고하고 있다.

나는 자칭 '학년 꼴찌'였던 만큼 '안정'이라는 말에 늘 위화감을 느끼며 살아왔다. 그래서 조직에 푹 파묻혀 머리끝부터 발끝까지 조직의 머슴이 되어버리는 일 따위는 하고 싶지 않았다. 다만 장차 독립할 때를 대비하여 비즈니스를 공부할 요량으로 대형 상사에 취직했다.

직장에서 부동산 관련 업무 경험을 쌓은 뒤 나는 1996년 고교 동창 4명과 합자해 부동산 벤처인 크리드를 창립했다. 고교 동창들이 많이 다니고 있던 당시 일본장기신용은행이 거액의 불량채권 때문에 국유화로 가는 나락으로 굴러떨어질 즈음이었다. 그런 상황을 기회로 나는 대기업이 손대지 않고 있던 불량채권 자산 평가나 부동산 펀드 사업에 뛰어들어 성공을 거두고, 30억 엔 가량의 자산을 보유한 당당한 사장으로 우뚝 설 수 있었다.

그가 졸업한 무사시고등학교의 교훈은 '스스로 생각할 줄 아는 강인한 인물이 되어라'이다. 다른 동창들은 이런 교훈이 지닌 참뜻을 실천에 옮기지 못했지만 그는 달랐다.

바야흐로 대다수가 선택하는, 탄탄대로처럼 보이는 길을 무작정 따라가서는 죽도 밥도 되지 않는 시대가 왔다. 어떤 분야에서 일하든 자신만의 독특한 의견을 만들 수 있어야 하고 이를 바탕으로 승부를 걸어야 한다. 자기 의견을 제대로 세우는 데 명문대를 나올 필요는 없다. 그런 점에서 인생이란 참으로 오묘한 면이 있다.

학창 시절 승승장구하던 사람들 중 상당수는 모범답안을 구하는 데 두뇌가 익숙해져 있기 때문에 지금은 존재하지 않는 다른 답안을 만들어내는 데 익숙하지 않다. 따라서 학력 콤플렉스를 갖고 살 필요가 없다. 한때 좋은 학교를 다녔다는 사실은 평생 이력서의 한 부분을 차지하기 때문에 유용하기는 해도, 좋은 학교를 나오지 못한 과거를 아쉬워할 필요는 없다. 오히려 약간의 학력 콤플렉스는 독창적인 영역을 개척하거나 자신만의 독특한 의견을 바탕으로 기회를 선점하는 데 유용하다.

이따금 내가 고등학교, 대학교, 대학원을 죽 초일류로만 나왔다면 지금처럼 역동적으로 활동할 수 있었을지 생각해 본다. 아카데미즘과 저널리즘의 중간 영역을 개척하는 데 성공할 수 있었을까? 뒤를 돌아보지 않고 더 나은 상황을 향해 계속 나아갈 수 있었을까? 대답은, 확실히 '아니다.' 부족한 부분 혹은 비워진 부분이 있었기에 그것을 채우려고 더 예리하게 내 의견을 만들 수 있었고, 이를 바탕으로 새로운 영역을 개척할 수 있었다.

그렇다면 자기 의견을 만들어낼 수 없는 사람은 어떤 운명에 처하게 될까? 직장인이라면 점점 치열한 경쟁에 노출되는 상황을 극복하는 데 실패할 것이다. 경쟁은 나날이 격화되어 가는데 수준 이상도 이하도 아닌 답을 만들어내는 임직원들은 회사를 구원할 수 없다. 승진의 사다리를 올라갈수록 문제 해결 능력만큼 중요한 게 또 있을까.

회사에 필요한 인재란 누구인가? 바로 치열한 경쟁을 타개할 수 있는 획기적인 해결책이나 상상도 할 수 없었던 기회를 찾아내는 사람이다. 이런 일에 남과 비슷한 의견을 제시하는 임직원들은 실용적인 면에서만 보면 크게 필요하지 않은 인재다. 회사를 나가더라도 아쉬워할 사람은 별로 없을 것이다.

자기 사업을 하는 사람이라면, 현상 유지는 고사하고 점점 어려워지거나 최악의 경우 망할 수도 있다. 남들이 하는 만큼 해서는 사업세계에서 결코 성공할 수 없기 때문이다.

이처럼 개인이나 조직의 성공에서 독특한 자신만의 의견을 갖는 일은 무척 중요하다. 이를 위해서는 우선 자기 의견을 만들고, 자기 의견을 당당하게 밝히며, 이해 당사자들을 적극적으로 설득할 수 있어야 한다. 결코 하루아침에 되는 일이 아니기 때문에 자기 의견을 세우는 일이 자본주의 사회를 살아가는 데 필수불가결한 부분임을 깊이 생각하고, 이를 매일의 삶 속에서 실천해야 한다.

자신을 설득하려면 생각, 행동, 이익이 서로 맞물리도록 해야 한다. 자기 의견을 가졌을 때 드러나는 결과를 보고 그 효용을 확인하게 되면 당신은 자기 의견을 세우는 일이 성공으로 가는 길임을 좀더 명확하게 깨우치게 될 것이다.

7

신화 창조의
주역이 될 수 있다

부자의 생각

나라고 빌 게이츠같이 되지 말라는 법이 없다. 나에게는 나도 모르는 무한한 힘이 있다.

빈자의 생각

아무나 빌 게이츠가 되는 것은 아니다. 사람마다 이를 수 있는 한계가 있다.

과연 내가 잘 할 수 있을까? 잘 될까? 정말 괜찮을까? 새로운 일을 시작할 때면 누구에게나 조용히 마음속에 떠오르는 의문이다. 충분한 성공 경험을 하고 난 다음부터 이런 의문은 사라지지만 그런 사람들은 소수에 불과할 것이다. 새로운 일은 항상 걱정과 두려움, 의구심과 함께 시작된다.

마키아벨리는 『군주론』에서 "인간이란 어려움이 조금이라도 예상되는 사업에는 언제나 반대한다"라는 말로 인간의 본성을 날카롭게 지적하기도 했다.

사람은 성장하면서 보고 듣고 느낀 것에 따라 자신이 추구할 최고 위치를 정한다. 사람마다 타고나는 야망이나 욕심이 다르기는 해도 대부분은 주변에서 보고 듣는 것에 큰 영향을 받게 마련이다. 예를 들어 평범한 집안에서 태어난 경우 대개 스스로의 힘으로 성취하고 싶어하거나 할 수 있다고 믿는 것은 그다지 크지 않다.

물론 자신이 정한 그릇의 크기를 끊임없이 깨가면서 더 높고 원대한 목표를 향해 나아가는 사람들도 있다. 하지만 이들 역시 평범한 대다수 사람들처럼 초기의 꿈은 소박한 수준을 벗어나지 못한다.

인생에서 큰 성취를 이룰 수 있다는 자신감은 아무에게나 주어지지 않는다. 다른 사람들이 달성할 수 있다고 믿는 수준을 뛰어넘어 새로운 영역을 개척하거나, 남들은 불가능하다고 여기는 목표를 잡고 이를 달성할 수 있다고 믿는 것은 하나의 예외적인 사건이다.

세상에는 타인의 성취를 부러워하기만 하는 사람도 있고, 자신이 부러움의 주역이 될 수 있다고 믿는 사람도 있다. 전자는 스스로의 한계를 명확히 제한해 버린 경우로, 자신이 그어놓은 상한선을 벗어날 수 없다. 평범함이 지배하는 조용한 삶을 살거나 때로는 경제적인 위기 때문에 어려움을 겪기도 한다.

후자는 이른바 성공 스토리를 만들어내는 사람들이다. 다수가 불가능하다고 생각하는 기록을 만들어내는 데 괄목할 만한 성과를 이루는 사람들이다. 그들은 한 차례의 성취에 만족하지 않고 계속해서 목표를 상향 조정한다. 그들은 자신의 잠재능력에 주목하고 스스로 성공 신화를 만들어낼 수 있음에 경탄을 금치 못한다. 마치 비행기가 거침없이 이륙하듯, 일단 초기의 목표 달성에 성공하면 처음에는 상상할 수 없었던 수준의 목표를 향해 돌진하게 된다.

알게 모르게 스스로 주입한 한계를 깰 수 있느냐는 인생에서 정말 중요하다. 누가 도와줄 수 있는 일도 아니다. 이는 위대한 자각이나 각성에 해당하는 일이다. 각성은 '이대로는 안 돼. 이렇게는 살 수 없어'라는 결단의 순간일 수도 있고, 평범하게 살아가고 있는 자신에 대한 분노의 순간일 수도 있다.

물론 각성 다음에는 반드시 행동이 뒤따라야 한다. 누구에게나 어느 정도의 야망이 있게 마련이지만 행동에 나서서 주역이 되느냐 주역을 부러워하는 사람으로 남느냐는 스스로 결정해야 하는 것이다.

텔레비디오의 창업자 황규빈 회장은 아메리칸 드림을 성취한 인물이다. 그는 1983년, 한국인 이민 100년사에서 처음으로 기업을 세워 나스닥 상장에 성공했고 그해 미국의 갑부 27위에 올랐고, 1982년 전세계에서 가장 성공한 사람 50인에게 주어지는 AAA 골든 플레이트를 수상하기도 했다. 부침이 심한 실리콘밸리에서 30년 전에 상장한 회사 가운데 살아남은 회사는 1%에 불과하며, 그 1% 중 하나는 애플이고 다른 하나는 텔레비디오라는 점을 그는 자랑스럽게 생각한다.

유타대학을 졸업하고 잡은 첫 직업은 포드자동차 연구개발원이었지만 그는 안정된 생활이 주는 여유로움에 좀체 적응이 되지 않았다고 회고한다. "안정된 직장생활이었지만 가슴 한구석이 늘 허전했다. 생애 처음으로 갖게 된 여유로움에 적응이 되지 않았다." 그러다가 그는 버로(Burroughs)를 거쳐 금전등록기로 유명한 엔시알(NCR)로 자리를 옮긴다. 졸업 후 4년을 그럭저럭 보내게 된 황규빈 회장은 '햇빛 가득한 캘리포니아가 엔지니어를 구합니다(Sunshine California Looking for Engineers)'라는 신문 광고의 문구에 홀려 실리콘밸리에 있는 제너럴 인스트루먼트로 옮기게 된다.

실리콘밸리 입성 1년 후부터 그는 자기 사업을 하고 싶다는 강한 욕망을 갖기 시작한다. 물론 월급을 받는 생활에 미련이 없었던 것은 아니다. 한창 커가는 두 딸아이를 보면서 '잘 할 수 있을까?' 하는 걱정도 있었다. 그러나 자신의 책 『버티지 못할 시련은 없다』에서 그는 가슴 한쪽에 숨어 있던 기업가적 충동과 야망이 스스로를 사업가의 길로 이끌었다고 말한다.

나는 실리콘밸리에서 함께 일하던 한국인 동료 엔지니어들을 찾아갔다. 그들 역시 자본을 댈 만한 여건은 안 되었고 대신 직장에 계속 다니며 시간제로 근무를 하기로 했다. 그들은 내 아이디어에 감탄을 하면서도 걱정스러운 목소리로 물었다.

"그런데 회사는 어디에 차립니까?"

"우리 집 차고에서 시작할 겁니다."

"네?"

이런 차이가 결국 황규빈 회장과 동료 엔지니어들의 운명을 가르게 된다. 물론 누가 더 행복한가에 대해서는 논할 수 없다. 다만 자신의 야망을 인생의 어느 순간에 이룰 수 있느냐를 놓고 보면 황규빈 회장은 다른 사람들보다 성공했음에 틀림이 없다.

결국 한 단계 도약하기 위해서는 자신에게 익숙한, 혹은 자신이 만들어놓은 한계를 돌파할 수 있느냐가 관건이다. 이것은 누구나 한 번쯤 고민하는 문제이며 자신의 한계를 극복하고 싶어하는 게 인지상정이다. 그러나 이를 구체적인 노력과 행동으로 실행에 옮기는 경우는 드물다. 황규빈 회장은 생각에 그치지만은 않았다.

내가 막 관심을 보일 때, 사람들은 할 수 없을 것이라고 말한다. 이것보다 기분 좋은 말은 없는데, 평생 동안 사람들은 내가 성공하지 못할 것이라고 말했기 때문이다. 내가 거둔 성공의 비결은 단순하다. 매번 나는 가능한 한 최대로 성공하려고 노력했다. 언덕을 올랐을 때, 나는 산을 보았다. 그런 다음 나는 산을 오르기 시작했다.

CNN을 설립한 테드 터너는 방송계의 이단아로 손꼽히는 인물이다. 그의 삶을 꿰뚫는 키워드는 '야망'이다. 그의 삶은 남들은 꿈도 꿀 수 없는 야망을 이루기 위한 헌신으로 가득 차 있다. 테드 터너 자신의 말처럼 그는 늘 최대한 성공을 거두기 위해 뛰었으며, 하나를 성취하고 나면 곧이어 또다른 목표를 향해 내달리기 시작했다. 그 목표들은 언제나 그가 내달릴 때는 전혀 현실적이지 않은 것들이었다.

1977년에 이미 1억여 달러의 엄청난 재산을 모은 그가 큰 야망을 가진 인물이 아니었다면 그 정도에 안주했을 것이다. 그러나 그는 만족하지 않고 '일생을 건 도박'이라 불리는 CNN 설립을 이루어냈다.

1980년대가 시작되면서 그는 세계에서 일어나는 사건들에 좀더 관심을 가져야겠다고 생각했다. CNN의 첫 방송이 나간 날은 1980년 6월 1일이었다. 이 프로젝트에 그는 사재 3,450만 달러를 쏟아부었지만 당시 24시간 뉴스 방송이 성공하리라고 보는 사람은 아무도 없었다.

결국 보기 좋게 성공한 그는 이에 머무르지 않고 텔레비전 영화에 대한 새로운 요구의 출현에 주목하기 시작했다. 그는 1988년 케이블 방송 TNT를 설립하면서 MGM/UA 엔터테인먼트의 필름 라이브러리에 12억 달러를 지불했다.

이로 인해 상당한 부채를 짊어진 그에 대해 사람들은 이번이야말로 테드 터너가 어려워질 것이라고 말했다. 그러나 이미 1980년대 말에 터너 브로드캐스팅 시스템(TBS)의 시장 가치는 무려 50억 달러에 달해 있었다.

그리고 1996년, 그는 AOL타임워너에 자신의 방송사를 75억 달러에 매각함으로써 미국의 50대 부자 반열에 당당히 들어가게 되었다. 인생에서 손에 넣을 만한 모든 것을 얻었다고 판단한 테드 터너는 1998년에 전 재산의 3분의 1에 해당하는 10억 달러를 UN에 출연하기로 약속하게 된다.

스스로 조역이라 생각하고 그 이상을 벗어날 수 없는 한계로 믿어버리면 인생은 그 범위 안에서 결정될 수밖에 없다. 반면 스스로 주역이 될 수 있다고 생각하고 틀을 깨기 시작하면, 그리고 좀더 높은 꿈을 꾸고 이를 실행할 수 있다면 자기만의 신화를 창조할 수 있다. 결국 생각의 차이가 이토록 다른 삶을 낳는 것이다.

8

나를 돕는 이는
결국 나 자신이다

부자의 생각

사람은 모두 혼자이다. 누구나 각자 짊어져야 할 자기 몫의 삶이 있다.

빈자의 생각

내 힘으로 안 되면 누군가 나를 도와줄 것이다. 그것이 인간 아닌가.

인생의 초년에 호강한 나머지 자신이 가진 것이 얼마나 소중한가를 알지 못하는 사람들이 있다. 삶은 어김없이 이런 사람들에게 나름의 대가를 지불하게 한다. 그냥 대충 넘어가는 법이 없다. 어려운 가정에서 태어나 배우기 위해 노력하고 이런저런 시행착오와 고생을 하는 젊은이를 보는 일은 가슴 아프지만, 장기적으로 보면 그 모든 것들이 뼈가 되고 살이 되어 오히려 복이 될 때가 많다.

고난이 축복이라는 말을 함부로 쓸 수는 없어도 초년의 적당한 고생은 기꺼이 비용을 지불하고 견뎌낼 만한 가치가 있다.

얼마 전에 알고 지내는 중년의 부부를 만났다. 외국에서 공부하는 두 아이들에게 자동차를 사주지 못해 내내 가슴이 아프다고 했다. 부부 모두 미국에서 오래 생활해 온 탓에 자동차 없는 불편함이 어떤지를 잘 알고 있었다. 그러나 나는 이렇게 말했다.

"어쩌면 아이들에게 행운일 수도 있습니다. 평생 차를 탈 수 있을 텐데 언제 그런 어려운 경험을 해보겠습니까? 훗날 좋은 추억으로 기억될 겁니다."

이야기를 나누는 동안 머릿속에는 나의 유학 시절이 떠올랐다. 2년 넘게 차 없이 생활했는데, 중고 경주용 자전거를 타고 주말마다 먹을거리를 사러 멀리 할인점을 오가던 길은 참 힘들었다. 비라도 조금 내리면 노면이 미끄러워 중심이 흐트러지면서 자전거와 함께 넘어지기 일쑤였다. 내가 공부를 하던 텍사스의 휴스턴은 비가 많고 스콜이 잦았다. 게다가 그 당시만 해도 메트로 버스 말고는 대중교통도 없었다.

최근 방한한 모교의 총장 내외가 학교까지 지상 전철이 연결되어 있다는 이야기를 했을 때 황량했던 1980년대의 유학생활을 다시 한 번 떠올렸다. 그때는 아버지가 자동차를 사주실 수 있으면 얼마나 좋을까 생각하기도 했지만, 유학을 보내주신 것만으로도 고마운 일이었기 때문에 표현하지는 않았다.

세월이 흘러 이젠 생활에 여유도 생기고 좋은 차도 몰아볼 수 있게 되었다. 그 시절 차가 없어서 고생하지 않았더라면 이런 여유에 감사하고 하나하나 일구어낸 것들에 자부심을 느낄 수 있을까. 지금 내가 갖고 있는 것들에 고마움과 보람을 느꼈을까. 그러지 못했을 것이다. 따라서 인생의 경험들 가운데 단 것뿐만 아니라 쓴 것조차 기꺼이 받아들이는 태도가 필요하다고 나는 생각한다.

추석 연휴, 작심하고 글을 쓰는 동안 짬을 내 화가 황주리 씨의 『세월』이라는 작품을 읽었다. 동세대의 작가가 풀어놓는 이야기들에 공감이 갔고 읽고 난 후에는 오랫동안 여운이 남았다.

황주리 화가는 스팀이 설치된 사립 수송초등학교를 나왔다.

그 대목에서 정말 여유 있게 컸구나 하는 생각이 절로 들었다. 스팀이 들어오는 집과 학교를 오가면서 따뜻한 겨울을 지낸 그녀는 오랜 세월 동안 그 시절 대다수의 난방이었던 연탄과 그 매콤한 냄새를 잊고 살았다. 그녀는 자신과 주변 사람들의 유복한 유년기와 그 이후의 인생행로에 대해 이렇게 이야기한다.

왜 사람들이 초년고생을 사서도 한다는 말을 하는지 알게 된 건 그 후로도 한참 뒤의 일이다. 너무 편안한 유년을 보낸 사람은 자신이 가진 것의 소중함을 잘 모르는 법이다. 그래서 많은 것을 잃은 뒤에야 자신이 얼마나 소중한 것들을 지녔었는지 뒤늦게 깨닫는다. 비교적 유복한 유년을 지냈던 그 시절의 초등학교 동창생들과 친척, 친지, 사촌들이 어른이 되어 사회에 적응하지 못하고 어려움을 겪으며 나이 들어가는 것을 수없이 보았다. 이 세상은 따뜻한 스팀이 나오는 그 옛날의 사립 초등학교 교실이 아닌 것이다.

여유 있는 환경에 놓이지 못한 사람은 본능적으로 살아남는 방법을 찾게 된다. 의식의 한쪽에는 항상 '살아남아야 한다', '반드시 잘살아야 한다'는 생각이 있고 그것은 이 세상을 살아가는 이유이자 열심히 살아야 하는 이유가 된다. 고생이 남겨주는 것은 이처럼 돈을 주고도 살 수 없는 교훈이다. 그리고 그것은 인생 전반에 걸쳐서 분발할 수 있는 강력한 동기를 부여해 준다. 이보다 더한 재산을 물려받을 수 있겠는가.

철종의 5대손인 그랜드힐튼서울(옛 스위스그랜드호텔) 이우영 회장의 인터뷰 기사를 보았다. 인터뷰 말미에는 1907년 인질로 일본에 끌려간 영친왕과 이방자 여사의 유일한 혈육이었던 이구 씨에 대한 안타까움을 토로한 대목이 나온다. 이우영 회장은 이구 씨가 생전에 서울대 공대 교수나 유엔 사령부 안의 일자리 등 나라가 할 수 있는 한 돕기 위해 노력했지만 본인의 불찰로 인해 결국 제대로 인생이 풀리지 않은 점을 지적했다. 이런저런 사업에 손을 댄 이구 씨의 연이은 실패에 대한 이우영 회장 나름의 진단은 이렇다.

사업이 얼마나 험난한 여정입니까. 실패도 맛보고 인생의 밑바닥 경험도 겪어보면서 이력이 나야 하는데 이구 씨는 그 상황을 잘 견디지 못하신 것 같아요. 어릴 때 일찍 큰아들 진을 여읜 영친왕과 이방자 여사가 구 씨를 얼마나 애지중지 귀여워하며 키우셨겠어요.

–《이코노미스트》 2000. 9. 20

어떤 상황에 놓이든 결국 어떤 마음을 먹고 사느냐가 문제다. 불우하기로 따지자면 이구 씨의 어머니 이방자 여사만큼 기구한 삶이 어디 있겠는가. 그러나 그녀는 자신의 운명을 받아들이고 남편의 나라를 자신의 나라로 삼아 열심히 한평생을 살다 갔다.

삶의 행복과 불행을 가르는 것은 의타심일 것이다. 유년의 유복함이 평생 부담이 된다면 그것의 원인은 의타심이 아닐까. 부족함 없이 산 사람들이 어려움에 처할 때 거기에는 의타심이라는 함정이 놓여 있다.

사회생활을 하다보면 의타심이란 아이 어른 할 것 없이 우리의 의식 저변에 깔려 있음을 확인하게 된다. 약간이라도 친분관계를 유지하다 보면 이득이나 편의를 보지 않을까 하는 기대를 표현하는 사람들이 있다. 대화의 처음은 상대방이 출세해야 하고, 잘 되어야 한다는 말로 시작된다. 그 다음 이어지는 내용은 빈말이라도 상대방의 행복을 위해서라고 하면 좋으련만, "그래야 저도 득을 좀 볼 수 있지 않겠습니까", "추수가 끝나고 남은 것쯤은 제가 수확해도 되겠지요" 같은 말들이다.

상부상조하며 살아가는 미풍양속 정도로 생각할 수도 있지만 이런 의타심은 삶에 배분하는 시간과 에너지에 분명히 영향을 끼친다. 반면 서양인들은 몰인정하게 보이기는 해도 인간관계의 한계를 일찍부터 터득한 것인지도 모른다.

나와 관계를 맺어온 사람들이 나를 도와줄 수도 있다. 그러나 이런 막연한 기대는 살아가는 데 심리적인 위안은 줄 수 있을지는 몰라도 실제의 삶에는 도움이 되기보다 걸림돌이 된다. 한 인간의 분발은 '더 이상 물러설 때가 없다', '아무도 나를 도와줄 수 없다', '내가 나를 돕는 길 외엔 다른 대안이 없다' 같은 생각에서 나온다. 성취는 대지 위에 두 다리를 굳게 딛고 운명에 맞서 삶을 개척하는 강한 의지와 결단이 있을 때, 그리고 이를 실천할 때만 가능해진다.

9

최선만이
삶을 바꿀 수 있다

부자의 생각

전력투구하지 않는 인생은 의미가 없다. 하나를 해도 최선을 다한다.

빈자의 생각

노력해도 안 되는 일이 있다. 운이 중요하다.

기회는 기회를 낳고 그 기회가 또다른 기회를 낳는 것을 보면 삶이란 신비로움으로 가득 차 있음을 느끼게 된다. 마치 오래전 만들어둔 도면에 맞춰 아름다운 건물을 만들어가듯 한 발 한 발 내디디며 오늘까지 온 것 같다.

물론 앞으로 어떤 삶이 전개될지는 아무도 정확히 알 수 없으나 한 가지는 확신할 수 있다. 주어진 기회가 마지막인 것처럼 전부를 걸고 혼신의 힘을 다할 때만이 다음 기회의 문이 열린다는 사실이다.

미국 오하이오의 시골 마을에서 가난한 집안의 12남매 중 다섯 번째로 태어나 간질과 학습장애에 말까지 더듬어 고등학교를 7년 만에 졸업한 인물이 있다. 그의 이름은 데이브 롱거버거. 1976년 창업해 연 매출 7억 달러의 탄탄한 기업으로 성장한 롱거버거의 창업주이다. 그는 아무도 눈길을 주지 않던 수공예 바구니를 상품화한 것으로 유명하며, 신체적인 역경을 딛고 일어나 조용하지만 가난한 고향 마을을 관광 명소로 바꾼 입지전적인 인물이다.

오늘의 롱거버거 같은 기업을 염두에 두고 사업을 시작했냐고 묻는다면, 아마도 그는 "전혀요!"라고 답할 것이다. 사업·음악·문학·스포츠 등 어느 분야에서건 큰 업적을 성취한 사람들에게 똑같은 질문을 던진다면 대개 비슷한 대답을 듣게 되지 않을까. 아마도 그들은 "무언가가 되고 싶다고 간절히 꿈꾸기는 했지만, 실제로 이렇게 되리라고 생각할 수는 없었다"고 말할 것이다.

그들은 다만 최선을 다해 주어진 문제를 해결하는 데 전력을 기울였을 것이고, 캔버스 위에 그림을 그리듯 한 부분 한 부분 채워가는 과정에서 어느새 하나의 그림이 완성되었을 것이다. 데이브 롱거버거는 자신의 삶을 다음과 같이 회고한다.

내가 생각하기에 처음 사업을 시작하면서부터 미래에 대해 확신하는 사람은 없는 것 같다. 처음에는 뜨거운 물인지 차가운 물인지 알기 위해 조심스럽게 손을 담가보는 것처럼 그렇게 사업을 대해야 한다. 그리고 또 계속 조심스럽게 알아나가야 한다. 처음 5년 동안은 사업이 어떤 방향으로 가고 있는지 잘 알지 못한다. 그렇기 때문에 생각해 보지 못했던 여러 가지 기회가 찾아온다. (중략) 내가 식당업에 몸을 담고 나서 몇 년이 지난 후에도 나는 식당업을 평생 직업 삼지는 않으리라는 것만 어렴풋이 느끼고 있었다. 왜 그런지, 그리고 식당업을 그만둔다면 무엇을 할지는 확실히 알 수 없었다.

그 같은 상황이었지만 그래도 교훈을 끄집어낸다면, 언제나 촉각을 곤두세우고 어떤 기회가 다가오는 것은 아닌지 주의를 기울이라는 것이다. 우리 주위에 기회는 얼마든지 있다. 중요한 것은 기회가 찾아와 문을 두드릴 때 일어나 달려가 문을 열고 맞아들이는 것이다.

−데이브 롱거버거, 『롱거버거』

앞서 소개한 김영모 씨는 1982년 서초동에 자신의 이름을 걸고 6평짜리 가게를 개업한 이후 10년 동안 하루에 4시간 이상 자본 적이 없다고 한다. 자신의 삶을 구원할 수 있는 방법으로 노력만큼 중요한 것이 있을까? 요사이 만나는 사람마다 힘들다고 아우성이다. 그러나 정말 목숨을 걸 정도로 전력을 기울여 실력을 갈고 닦는지 묻는다면, 과연 몇 명이나 "나는 목숨을 걸고 일한다"고 대답할 수 있을까?

김영모 씨는 "영원한 기능인으로 남고 싶은 게 저의 꿈입니다. 기능은 자기와의 싸움이지요. 먼저 지식을 익히고 그걸 손으로 표현할 수 있으려면 많은 시간이 필요합니다. 젊은 후배들이 그걸 절감했으면 합니다"라고 말한다.

빵을 만드는 기능만 그렇겠는가? 김영모 씨 같은 자세로 삶에 임하지 않고서는 아무도 일류가 될 수 없다. 그렇다면 왜 일류가 되어야 하는가? 타인의 힘이나 시장의 힘에 휘둘리지 않고 자유롭고 당당한 인생을 살기 원한다면 그가 누구든 자신의 분야에서 일류가 되기 위해 노력해야 한다. 그렇지 않으면 자신을 기다리고 있는 것은 갑의 인생이 아니라 을의 인생이다.

이것저것 상대방의 요구를 들어줄 수밖에 없는 을의 인생이 주는 피로와 팍팍함을 받아들이거나, 아니면 일류를 향해 진군

하거나, 선택은 각자의 몫이다.

세상에는 갑의 인생도 있어야 하고 을의 인생도 있어야 한다. 모두가 갑의 인생을 살아갈 수는 없는 일이다. 그러나 누군가 내게 당신은 어떤 삶을 원하는가 묻는다면, 주저 없이 갑의 인생이라고 말할 것이다. 갑의 인생을 살아가는 데 희생을 치르고 비용을 지불해야 한다 해도 기꺼이 그렇게 하겠다고 말할 것이다. 갑의 인생과 을의 인생 모두를 경험하면서 느낀 바가 많은 까닭이다. 만족할 수도 있는 상황에서 긴장의 고삐를 늦추지 않고 더 열심히 노력하는 것은 을의 인생이 주는 애환을 알고 있기 때문이다.

강남에서 성형외과를 운영하는 정동학 박사는 1957년생으로, 자타가 공인하는 대한민국 제일의 코 성형 전문의다. 〈아시아의 우상〉이라는 제목으로 한국 특집을 다룬 《아시안 월스트리트 저널》 2005년 10월 21~23일자 커버스토리에 등장하기도 했다. 하지만 그의 이력서에는 남다른 대목이 들어 있다.

성동공업고등학교 금속과 미술특기생으로 입학, 1975년부터 1984년까지 포항종합제철 근무, 1984년 연세대학교 원주 의대 입학. 그는 28세에 의대에 입학해 늦깎이 의사가 되었다. 2004년 1월 한 일간지에 실린 기사는 그가 어떤 인물인지를 잘 보여준다.

대만 의대 교수 10명이 강남의 한 성형외과 의사에게 1인당 무려 2,000달러의 수강료를 지불하고 코 성형 연수 프로그램에 참가해 성형술을 익히고 있다. 대만뿐만 아니라 중국과 필리핀에서도 연수를 신청했고 의료 선진국인 일본에서도 연수를 신청했다.

그러나 그는 현재에 안주하지 않고 여전히 열심히 산다. 수술을 집도하고 연구 논문을 쓰는 것 외에 별다른 취미도 없다. 흔히 관계망 구축을 위해 이용하는 골프도 치지 않는다. 그에게 직업이란 과연 무엇을 말하는가? 그는 어떻게 살아야 하는지, 어떤 삶이 멋진 삶인지를 제시하는 하나의 모범 사례로서 손색이 없다.

"초인이 아닌 이상 우리는 원하는 모든 것을 가질 수 없습니다. 그렇다면 선택을 해야 해요. 진실로 자신에게 가치 있는 것이 무엇인지, 정말 자신이 원하는 것이 무엇인지를. 나는 코 성형 분야에서 최고가 되고 싶어요. 그래서 다른 기쁨들, 이를테면 경제적인 안정과 보통 의사들이 누리는 생활의 즐거움을 포기한 거죠. 대신 나는 내가 원하는 것들을 얻었죠. 아직 진행형이기는 하지만……."

물론 이런 유형의 삶에 대해 비판적인 시각을 가질 수 있다. 한 번뿐인 인생인데 일만 하다 갈 수 있느냐고 물을 수도 있다. 그러나 정동학 박사에게 일이란 취미이자 특기이고, 단순히 생계유지 수단이 아니라 자신의 정체성을 확인하고 자아를 실현하는 수단이다.

그는 "무엇인가를 위해 몰입하는 순간만이 인생이며, 노력하는 삶은 가시적 성과에 상관없이 그 자체로 의미 있는 일입니다"라고 말한다. 어김없이 그의 삶의 중심에는 '몰입'이라는 단어가 놓여 있다.

학자들은 속속 두뇌의 비밀을 밝혀내고 있다. 두뇌에서 중요한 것은 뉴런의 수가 아니라 뉴런의 결합이다. 두뇌 활용과 관련해서 기존의 두뇌과학이 밝혀낸 결과에 주목할 필요가 있다.

꾸준한 운동을 통해 신체 기능을 향상시킬 수 있듯 뇌의 특정 부분을 반복적으로 사용하면 뉴런 사이를 연결해 정보를 교환하는 시냅스 수를 증가시킬 수 있다. 인간의 뇌는 특정 부분과 관련된 자극이 늘어나면 뉴런이 새로 결합하고 이러한 결합 과정의 유연성은 생각보다 크다.

따라서 최선을 다하는 사람들은 자신의 분야와 관련된 두뇌 역량을 강화하고 있다고 할 수 있다. 최선을 다해 노력하는 사람들은 뉴런의 연결망이 마치 촘촘히 연결된 도로망 같다는 사실을 깨닫게 된다. 이런 일들이 반복되면서 스스로를 경외감을 갖고 바라보는 때도 있을 정도다. 직업과 관련해 기적 같은 일들이 일어날 수 있는 기반이 여기서 이루어진다.

사람들은 요행을 바라고 기적을 바란다. 그러나 최선을 다하지 않는 한 기적은 일어나지 않는 법이다.

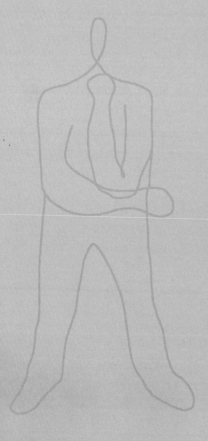

2장

타인에
대하여

10

인간은
이기적인 동물이다

부자의 생각

내가 그렇듯 남들도 이기적이다.

빈자의 생각

내가 그렇듯 남들도 이타적이다.

인간을 어떻게 바라볼 것인가? 흔히 성악설이니 성선설이니 하고 논쟁하기도 하지만, 보통은 사회생활에서 이런저런 사람을 만나고 경험을 쌓아가면서 나름의 인간관을 정리하게 된다. 레스터 C. 서로우가 쓴 『세계화 이후의 부의 지배』를 읽다가 저자가 인간에 대해 어떤 시각을 갖고 있는지 확인할 수 있는 대목을 발견했다.

자본주의를 대신할 수 있는 여타의 모든 체제는, 인간의 보다 고상한 동기는 다른 사람을 돕는 것이라는 가정을 갖고 있다. 반대로 자본주의는 인간은 본래 욕심이 많으며 자기 자신을 위해 살아간다는 것을 기본 가정으로 한다. 좀더 많이 가지고자 하는 인간이 (적어도 가정상으로는) 부자가 되는 것이다.

윤리적인 면에서 보면 사회주의의 인성론이 자본주의에 구현된 인성론보다 더 훌륭하다고 할 수 있다. 다른 사람을 돕는 것이 스스로를 위해 살아가는 것보다 고상하기 때문이다. 하지만 불행하게도 다른 사람을 돕는다는 고귀한 가치는 실제 인간의 본성과는 부합하지 않는 것처럼 보인다.

물론 세상에는 테레사 수녀처럼 다른 사람들을 위해 헌신하는 이들도 많다. 그러나 우리가 만나는 평범한 대다수는 자기 자신의 이익 즉, 자리(自利)에 충실한 존재다. 누구나 자신의 이익에 충실하다는 너무나 당연한 생각을 잠시 잊어버리고 사람을 대할 때 실수가 일어나며, 인간에 대한 이 같은 가정에서 벗어난 정책이나 제도 또한 빈번히 실패한다. 그럼에도 불구하고 이번에는 다를 거라는 막연한 기대와 순진함 때문에 우리는 엄청난 사회적 비용을 지불하곤 한다.

정치 시즌에는 얼굴이 알려지고 사회적 영향력이나 지명도가 조금이라도 있는 인물에게 사람들이 모여들게 마련이다. 본래 사람은 타인의 인정을 받고 싶은 욕구가 있기 때문에 정치나 공직에 대한 욕심도 있게 마련이다. 따라서 이를 간파하고 이용하려는 사람들이 달려들어 그들을 부추기는 것이다.

평소에 알고 지내는 장성 출신의 인사가 있다. 현역에서 물러나 전관예우 차원에서 잠시 외국에 나가 있다 돌아와 쉬던 중 선거철이 다가왔다. 평소 강직함과 청렴함으로 후배들의 귀감이 되었던 그는 어김없이 정치권의 표적이 되었다.

그는 사람들이 자신을 마치 일회용 크리넥스처럼 대하리라곤 꿈에도 생각하지 못했다. 그가 반평생을 지내온 군이란 신의와 의리로 묶인 조직이고 한번 몸담게 되면 30년 이상 근무하기 때문에 명예를 목숨처럼 중요하게 여기는 집단이기 때문이다.

그런 집단과 바깥세상은 아주 달랐다. 그는 요구하는 대로 이쪽저쪽 쫓아다니며 자신의 이름을 이용하다 선거가 끝나면서 언제 그랬느냐는 듯이 그런 일들에서 물러나고 말았다.

그가 분하게 생각하는 것은 마치 간이라도 빼어줄 듯 가까이에서 자신을 부추겼던 사람들이 안면을 싹 바꾸고 외면해 버린 점이다. 본래 그것이 세상의 모습인데 그는 일흔이 넘어서야 진실과 대면할 수 있었던 것이다. 세파에 시달리면서 사람들이 얼마나 자신의 이익에 충실하게 행동할 수 있는지 직접 목격하고 경험해 보지 않은 사람은 크든 작든 비용을 지불하게 된다. 이렇듯 정치세계에서 이용당한 후 팽(烹)당한 사람들을 만날 때면 연민이 느껴지곤 한다.

직접 만난 적은 없지만 뇌리 속에 강하게 남아 있는 또 한 사람은 고려대 총장을 지냈던 김준엽 씨다. 그는 평생 '생일상을 따로 차리지 않겠다는 것과 벼슬을 안 하겠다는 것'을 신조로 삼아 살아왔다. 실제로 노태우, 김영삼, 김대중으로 이어지는 역대 정권에서 숱한 요청이 있었지만 그는 모든 벼슬을 거절했다.

그의 자서전 『장정』을 통해서 알 수 있듯이 일체 침략하의 독립운동가로서, 독재 정권하의 강직한 역사가로서, 또한 암울했던 시기의 양심적인 지식인으로서 올곧은 길을 걸어오며 인간의 본성, 권력 속에서 인간이 어떻게 행동하는지를 깨닫고 있었기 때문일 것이다.

마키아벨리는 『정략론』에서 "인간이란 흔히 작은 새처럼 행동한다. 눈앞의 먹이에만 정신이 팔려 머리 위에서 매나 독수리가 덮치려 하고 있다는 사실을 깨닫지 못하는 참새처럼 말이다"라는 명언을 남긴 적이 있다. 그만큼 인간은 누구나 단기적인 자신의 이익에 충실히 행동하는 존재다.

공적인 성격이 강한 조직에서 오래 생활해 온 사람들이 조직을 떠났을 때 자리를 극단적으로 추구하는 사람들을 만나 이용당하고 경제적으로 큰 손실을 입는 사례를 드물지 않게 보게 된다. 평생을 몸바쳐 일해 모은 소중한 퇴직금을 감언이설에 속아 한번에 날려버리는 경우도 많다.

체계가 잘 잡힌 기업 같은 조직에서 오랫동안 근무해 온 사람들도 인간을 지나치게 순진하게 대하는 경우가 있다. 상대방도 내 마음과 같으려니 하는 막연한 신뢰가 낭패를 보게 한다. 연구소나 학교에서 오래 근무해 온 사람들도 영원히 사람의 진면목을 확인할 수 있는 기회를 놓쳐버릴 수 있다.

인간관계의 쓴맛을 보지 않고 한평생을 살 수 있다면 이 또한 좋은 일지만, 누구에게나 허락되는 일이 아니다. 세상은 우리가 생각하는 것만큼 호락호락하지 않으며, 그 누구라도 자신의 인생이 어떠한 국면에 처하게 될지는 알 수가 없다.

정치나 사업처럼 온몸으로 이익을 추구하고 이를 당연히 여기는 세상에서는 이용하고 이용당하는 일들이 다반사로 일어난다. 사근사근 자신을 대하던 사람들이 이해관계가 달라지면서 표변하는 경우를 보며 '사람 사는 곳이 이런 데로구나' 하는 놀라움과 환멸을 느끼게 된다.

이런 경험들이 큰 비용과 연결되지 않을 때는 그나마 다행이다. 인간에 대한 지나친 신뢰 때문에 단 한 번의 실수로 평생 경제적 손실을 감수하거나, 가족의 안위까지 파괴되는 경우를 보면 인간에 대한 정확한 이해를 갖고 살아가는 게 그 어떤 일보다 중요함을 깨달을 수 있다.

자신에 대한 충실함이 정도를 넘어서면 이익을 위해서 타인까지 이용하게 된다. 물론 양심이 있기 때문에 타인을 이용하는 일에도 어느 정도 제동장치가 발동하지만, 이익이 걸려 있는 분야에서 오랫동안 일을 하다보면 알게 모르게 타인을 이용하는 일을 당연하게 여기게 된다.

특히 사업상의 계약이나 투자와 관련된 계약을 맺을 때 계약서상의 갑과 을의 이익은 달라진다. 이때 대개는 자신의 이익을 위해 타인을 이용하려 든다. 그래서 자본주의 거래에는 '매수인 주의(Buyer Beware)'의 원칙이 적용된다. 알아서 타인의 행동을 제대로 가정할 수 있어야 하고, 타인의 숨겨진 의도를 정확히 읽어내야 하는 사람은 결국 매수인이라는 사실이다.

비행기에서 우연히 노 정치인과 나란히 앉게 되었다. 오랫동안 한 시대를 풍미했던 정치인을 보필하면서 온갖 풍상을 경험한 이라, 나는 정말 그의 인생 경험을 듣고 싶었다. 그래서 그는 나에게 경험을 들려주고, 나는 그에게 머리를 빌려주는 거래가 이루어졌다. 내가 알고 싶었던 점은 권력을 잡은 자와 측근들 사이에 일어났던 이너서클의 이야기였다.

"누구를 키워준다는 말은 가당치 않지요. 누구든 필요하면 쓰고 그렇지 않으면 버리는 겁니다. 비단 정치뿐 아니라 세상사의 이치가 그렇지요. 이따금 그분 덕택에 좋겠다는 이야기를 듣는데 전혀 그렇지 않습니다. 쓸모가 있을 때는 쓰지만 용도가 없어지거나 충성심이 사라지면 그 다음에는 찾지 않습니다. 함께 고생한 시절을 생각하면 가슴이 쓰리기는 해도 세월이 가면서 초월하게 되었습니다.

그래서 나는 보좌관들에게 자주 이야기합니다. '내가 키워준다는 말은 믿지도 말고 듣지도 말아라. 알아서들 커가라.' 저는 지금도 보좌관을 자주 바꾸는 편입니다. 일을 잘 하는 친구로 말입니다. 물론 보좌관들은 섭섭하겠지만, 그런 게 세상살이기 때문에 일찍 감지하는 게 좋지요."

인생이란 사람들과 관계를 맺는 일이다. 가족을 벗어나면 우리는 당장 이런저런 관계망 속으로 들어가게 된다. 이때 우리가 분명히 기억해 두어야 할 점은 인간이란 아주 예외적인 경우를 제외하면 자신의 이익에 충실하게 사고하고 행동하는 존재라는 사실이다. 그 생각을 잊지 않고 행동하면 된다.

상대방이 지나치게 호의를 베풀거나 쉽게 돈을 벌 수 있다고 역설할 때면, 상대방 역시 자신의 이익에 충실하게 살아가는 사람인데 그런 제안을 하는 이유는 무엇인지 철저히 생각해 봐야 한다. 상대방의 의도를 점검해 보는 일은 잘못된 길로 접어들 가능성을 낮출 수 있는 방법이다.

훗날 "나한테 어떻게 이럴 수가 있어. 우리 사이가 이 정도밖에 안 됐던 거야"라고 원망하며 한탄해도 소용없는 일이다. 스스로를 보호하는 일은 결코 남이 해줄 수 없다. 내가 적극적으로 해야 하는 일이다.

11

사람들은
저마다 다르다

재능이 있고 적성에 맞는 일을 해야 잘할 수 있다. 따라서 재능을 발견하는 일
이 중요하다.

재능은 계발하면 되고 적성은 맞추면 된다. 그게 교육이다.

'어떤 일에 알맞은 재능을 가진 사람에게 알맞은 임무를 맡기는 일'을 두고 '적재적소(適材適所)'라고 한다. 말처럼 쉽지만은 않다. 우리가 자기 자신을 대할 때나 타인을 대할 때 흔히 범하기 쉬운 실수 가운데 하나가 '올마이티(All-mighty)'이기 때문이다. "그는 정말 대단한 사람이야!", "그는 진짜 좋은 사람이야!"같이 우리는 절대적으로 혹은 전체에 등급을 매겨버리는 데 익숙하다. 우리는 한 가지 일을 잘 하는 사람을 보면 그가 다른 일도 잘 한다는 막연한 믿음을 갖게 된다. 자신을 대할 때도 비슷한 판단을 내리는 경우가 흔히 있다.

물론 성실하고 끈기 있는 기본 자질에 재기까지 더해진 사람이라면, 그에게 주어지는 다른 일들도 잘할 수 있을 것이다. 그러나 그런 사람은 매우 드물다. 따라서 타인과 더불어 무언가를 도모하고 그런 일을 지휘·감독하는 입장에 서 있다면 각각의 일에 누가 적임자일지 생각하며 사람들을 지켜봐야 한다.

미국의 철강왕 앤드루 카네기가 자신에 대해 쓴 글에는 흥미로운 대목이 나온다. 자신은 일찍부터 적임자를 찾아 그가 역량을 한껏 발휘할 수 있는 곳에 배치하는 능력을 가졌기 때문에 큰 부를 이룰 수 있었다는 대목이다.

카네기가 벌인 생애 최초의 사업은 토끼가 태어나면 친구들에게 주어 자기 이름을 단 토끼를 키우게 한 일이었다. 토요일이면 아이들은 자기 이름을 단 토끼를 더 잘 키우기 위해 민들레와 클로버를 따느라 여념이 없었다. 카네기는 생애 최초의 사업에 대해 '나보다 더 잘 아는 사람을 뽑아 쓸 줄 아는 능력'으로 해석한다.

이 일(생애 최초의 사업)은 나의 조직력을 보여준 최초의 사건이다. 나는 지금도 그때의 기억을 소중히 간직하고 있다. 조직력은 훗날 내게 물질적 성공을 가져다 준 주요 요인이기 때문이다. 사실 내가 성공할 수 있었던 것은 내가 무엇을 알거나 나 스스로 무언가를 해서가 아니라 나보다 잘 아는 사람을 뽑아 쓸 줄 알았기 때문이다. 이것은 누구나 알아두어야 할 귀한 지식이다. 나는 증기식 기계에 대해서는 잘 알지 못했지만 그보다 훨씬 더 복잡한 구조물인 인간을 알기 위해 노력했다. −앤드루 카네기, 『성공하는 CEO에서 위대한 인간으로』

어떤 기계보다 복잡한 구조물인 인간은 모두가 다 다르다. 다르기 때문에 최상의 능력을 발휘할 곳도 제각각이다. 세일즈에 능한 사람을 기획 부서에 갖다놓아서는 능력을 발휘하게 할 수 없다. 혼자 일하는 데 익숙한 사람이 거대한 조직 안에서 사람들을 관리하는 일에 본래의 실력을 발휘하기 어렵다. 그림에 소질이 있는 아들에게 의사의 길을 강요하는 것 또한 마찬가지다. 자신을 통해 세상에 태어나기 하지만 자식이란 결국 가까운 타인이 아닌가.

마커스 버킹엄과 커트 코프먼이 쓴 『First, Break All The Rules』에는 갤럽이 유능한 회계사들을 대상으로 한 조사 결과가 나와 있다. 조사 대상자들은 선천적으로 정확성에 대한 애정과 열의를 갖고 있었다. 탁월한 회계사들은 숫자가 정확히 맞아떨어질 때 큰 만족감을 느낀다고 말한다. 그들은 회계 업무가 요구하는 재능을 갖고 태어난 사람들이다. 회계 업무에 필요한 기능이나 지식을 배울 수는 있지만 정확성에 대한 이러한 애정까지 가르칠 수는 없는 일이다.

이를 두고 마커스 버킹엄과 커트 코프먼은 "정확성을 향한 애정은 기술이 아니다. 물론 지식도 아니다. 바로 재능이다"라고 말한다. 덧붙여 "정확성을 지향하지 않는 사람은 결코 유능한 회계사가 될 수 없다. 이런 재능이 없는 사람에게 회계사의 업무가 주어진다면 결과적으로 헛수고를 하는 셈이다"라고 강력하게 말한다. 비단 회계사에게만 해당되는 이야기일까. 직업세계에 종사하는 모든 사람들에게 적용할 수 있는 이야기일 것이다.

어떤 책을 쓸지 출판사에서 회의를 하던 중 소설가 최인호 씨에 대한 이야기가 나왔다. 60세가 된 그에게 글쓰기는 여전히 흥미롭고 즐거운 일이라고 한다. 성공은 후천적인 노력만 갖고 되는 게 아니라 타고난 재능에 후천적인 노력이 더해질 때 가능해지는 법이다.

타인의 재능을 알아차리는 일은 조직을 이끄는 사람들에겐 대단히 중요하다. 조직의 성과가 크게 달라지기 때문이다. 그들의 장점과 단점을 파악하기 위해 꾸준한 관찰과 시행착오를 겪어야 한다. 마찬가지로 자녀의 타고난 재능이 무엇인지를 일찍 알아 차리는 것은 훌륭한 부모의 조건 가운데 하나다. 또한 다른 사람의 재능을 빨리 간파하는 사람이라면 스스로의 재능도 일찍 알아차릴 것이 틀림없다.

조직에는 한 분야에서 유능한 직원이 다른 분야에서도 유능하리라는 가정 때문에 도저히 감당할 수 없는 분야나 자리까지 그를 밀어 올려버리는 '비극적인' 일이 발생하곤 한다. 얼마 전, 몇몇이 모여 기획에 탁월한 능력을 발휘하고 있는 K상무에 대해 이야기한 적이 있다. 그의 직속 상관이 말했다.

"K상무는 기획에 정말 뛰어난 능력을 갖고 있습니다. 영업도 잘 할 것 같아 일선에서는 계속 그를 보내달라고 요구하고 있지만, 본사 업무가 중요하다 보니 현장 파견이 자꾸 미뤄졌지요. 그래서 지금까지 기획통으로 경력을 쌓아오게 되었습니다."

다른 이가 이야기를 거들었다.

"내가 보기에 K상무는 친화력도 있고 발표도 잘하고 다른 사람을 편안하게 해주는 능력이 있는 만큼, 영업도 잘 할 겁니다. 영업 경험까지 더하게 되면 대단한 인재가 될 수 있을 텐데요."

그러나 나는 '과연 잘 할 수 있을까?'라는 의문이 들었다. 재능을 무시한 이동이나 승진이 K상무를 스스로 감당할 수 없는 곳으로 밀어버리는 것은 아닐지 염려스러웠다. 마커스 버킹엄과 커트 코프먼의 "한 단계의 성공이 반드시 다음 단계의 성공으로 이어지는 것은 아니다"라는 경고가 생각났다.

일반적으로 하나의 단계에서 성공을 거둔 사람은 다음 단계에서도 성공을 거둘 수 있으리라고 생각하곤 한다. 왜 그럴까? 가장 큰 이유는, 교육할 수 있는 것과 없는 것을 분명히 구분하지 못하기 때문이다. 기술과 지식, 재능을 분명히 구분할 수 있는 사람은 드물다. 그래서 흔히들 이런 말을 하게 된다. "L은 영업 사원으로서 뛰어난 능력을 보여주었으니, 조금만 교육을 시키면 아주 유능한 관리자가 될 거야!" 또는 "P는 훌륭한 관리자임을 스스로 보여준 만큼, 전략적 사고와 비전을 가르치면 뛰어난 리더가 될 수 있어!"

앞서 언급했듯이 주어진 역할을 성공적으로 완수하기 위해서는 특별한 재능이 필요하다. 재능은 기술이나 지식과는 구분되며, 교육을 통해 재능을 가르치기란 지극히 어렵다. 이런 사실을 제대로 이해한다면, 장기적으로 성공의 비결이 어디서 비롯되는지 깨달을 수 있다.

사람들은 제각각 재능이 다르다는 생각은 경영자뿐만 아니라 자신의 경력을 만들어가는 과정에서 누구에게든 중요하다. 자신감이 넘치는 사람일수록 적응과 교육에 대해 과도한 믿음을 가질 수 있다. 그러나 타고난 재능은 교육과 별개이며, 그런 면에서 사람은 저마다 다르다. 이런 생각이 있을 때 우리는 큰 실수를 피하고, 선택과 집중을 통해 보다 높은 성과를 이룰 수 있다.

12

유혹에 약한 것이
인간이다

교세라 그룹의 창업자 이나모리 가즈오의 창업 초기 경험이 매우 인상적이다. 그는 엔지니어 출신이었기 때문에 기업을 어떻게 경영할지 무척 고심했다. 경영을 공부한 사람이었다면 큰 고민 없이 대개의 기업이 따르는 경영 원칙을 그대로 따랐을 테지만, 그는 경영 지식을 갖고 있지 않았다. 결국 그는 자신의 삶의 철학인 '인간으로서 올바른 것을 추구한다'는 원칙에 따라 나름의 기업경영 원칙을 차근차근 만들어갔다. 이렇게 해서 그는 회계에 대한 기본 원칙 7가지를 세우게 되는데, 이 가운데 빼놓을 수 없는 것이 '더블체크로 회사와 사람을 지킨다'는 원칙이다.

사람의 마음 한구석에는 약한 부분이 있기 때문에 근본적으로 착실한 사람일지라도 회사 물건이나 돈을 잠시 빌렸다가 돌려놓으면 된다고 생각할 수 있다. 따라서 이 같은 행동을 막을 수 있는 제도적 장치가 마련되어 있지 않으면 죄를 범하거나 실수하지 않아도 되었을 사람을 범법자로 만들 수 있는 것이다.

이나모리 가즈오 회장은 이런 문제는 결국 경영자의 관리 책임이라고 생각했다. 그가 더블체크 시스템을 마련한 이유는 사람을 불신해서라기보다는 사람들이 자칫 잘못된 길로 들어설 수 있는 위험을 방지하기 위해서였다. 타인을 보는 그의 시각에는 '사람은 유혹에 약하다'는 생각이 깔려 있고, 그런 유혹으로부터 임직원들을 보호하기 위해 이중으로 체크하는 체제를 마련한 것이다.

그는 "엄격한 시스템이 존재할 때 직원들의 죄를 미연에 방지할 수 있고, 긴장감 있고 활기 넘치는 직장 분위기가 배양되는 것"이라고 말한다. 그렇다면 그는 유혹에 약한 인간의 심성을 보호하기 위해 구체적으로 어떤 조치들을 취했을까? 그의 저서 『손대는 사업마다 성공으로 이끄는 길』에는 입출금 처리·현금 처리·회사 인감 취급·금고 관리·구입 절차·외상 매입금 및 매출금 관리·작업 부스러기의 첩누·자판기와 공중전화 동전 회수에 이르기까지 더블체크의 원칙을 적용하는 모습이 소개되어 있다.

입출금 처리에서는 돈을 넣고 빼는 사람과 입출금 전표를 쓰는 사람을 반드시 분리하는 것이 원칙이다. 작은 회사에서는 대개 사장이 스스로 출금 전표를 쓰고 현금을 빼 쓰는 것이 일상적으로 이루어지고 있다. 이런 상태라면 악의는 없더라도 얼마든지 멋대로 쓸 수 있어 엄밀하게 돈을 관리할 수 없다. 그것을 방지하려면 전표 쓰는 사람과 돈을 다루는 사람을 반드시 분리해야 한다.

은행에 예금할 때, 자재 대금을 지불할 때, 노무비를 지불할 때, 그 밖의 각종 경비를 지출할 때도 지불하는 사람과 전표를 쓰는 사람은 반드시 달리해야 한다. 지불 담당자는 전표가 바르게 발행되었는지를 점검하고 지불한다. 그 지불은 어디까지나 전표에 따른 것이지, 자기 의지나 판단에 따른 것이 아니다.

한편 K캐피탈의 자금 담당 상무 정씨가 472억 원을 횡령해 주식 투자를 하고 회사에 큰 손해를 입힌 사건이 사회 문제가 된 적이 있다. 그 후유증으로 K캐피탈의 지배 주주와 지분을 갖고 있던 K그룹 계열사들은 거액을 물어주고 결국 회사를 매각할 수밖에 없는 상황에 처하게 되었다. 금전상으로뿐만 아니라 이미 지상으로도 모기업에 큰 타격을 입힌 사건이었다.

주주들은 S회계법인을 상대로 소송을 제기하면서, 장부의 잔고와 현금 잔고가 일치하는지를 회계법인이 조금만 신경 써서 대조해 보았다면 담당 임원이 공금을 횡령해 주식 투자를 하는 사태를 막을 수 있지 않았겠느냐고 지적했다. 경영자들이 더블 체크 원칙을 갖고 있었다면 이런 사건을 막을 수 있지 않았을까.

입출금을 전부 총무 담당에게 맡겼을 때, 횡령은 소액에서 출발해도 점차 거액이 되어 나중에는 사회적인 문제로까지 커지는 경우를 종종 접할 수 있다. 어느 지방자치단체에서는 총무 담당 여직원의 수년간에 걸친 공금 횡령이 우연히 밝혀져 상관들이 줄줄이 보직 해임을 당하는 사건이 있었다. 그중 한 사람은 오랜 노력 끝에 승진을 막 앞둔 상태여서, 부하직원의 실수로 결정적인 기회를 놓쳐버린 인물로 사람들 입에 오르내리기도 했다. 윗 사람 입장에서는 믿고 맡긴다고 생각해 버리기 쉽지만, 유혹에 약한 인간의 속성을 고려해 시스템을 정비한다면 이런 문제는 충분히 피할 수 있다. 즉 두 사람이 수입과 지출을 서로 확인하게 하는 것이다.

유혹에 약한 인간에 대해 생각할 때면 돌아가신 장인과의 에피소드가 떠오른다. 아이들이 아직 어렸을 때 우연히 경마를 보러 갈 기회가 생겼다. 마주였던 친구가 아내에게 자신의 말을 보러 가는 기회에 경마를 구경하면 어떻겠냐는 제안을 한 것이다. 아내는 아이들에게 색다른 경험을 시켜준다는 뜻에서 친구의 제안을 기꺼이 받아들였고, 장인께 지나가는 소리로 그 이야기를 했다. 그러자 장인께서는 그때까지 한번도 본 적이 없는 강경한 어조로 절대로 안 된다고 말씀하셨다.

"내 나이가 곧 팔순이다. 그동안 숱한 사람들을 만났다. 젊은 날 엄청난 부를 이룬 사람이 끝까지 재물을 유지하는 경우가 많지 않았다. 물론 우리 세대가 숱한 사회적 굴곡 속에 산 탓도 있지만, 그보다는 주위의 온갖 유혹에 빠져들었기 때문이다.

경마로 재산을 탕진한 사람들이 처음부터 경마로 돈을 잃고 싶었던 것은 아니다. 지인들의 소개로 우연히 접했다가 자신도 모르게 경마에 빠져든 경우를 숱하게 보았다. 마약도 마찬가지다. 처음부터 맨 정신으로 마약을 하는 사람들을 보지 못했다. 호기심에서 딱 한 번 했던 것이 평생 일궈온 재산을 날려버리고 집안을 풍비박산내더라.

사람이란 무척 약하다. 유혹에 빠질 수 있는 기회 그 자체를 없애도록 해야 한다. 아이들에게 색다른 경험을 갖게 하고 싶다는 너희들의 마음을 이해하지 못하는 바는 아니다. 그러나 그런 경험은 처음부터 하지 않는 편이 낫다."

　경험해 본 후 그 폐단을 절실히 느끼고 다시는 하지 않는 편이 낫다고 생각하는 사람도 있을 것이다. 그러나 장인의 이야기처럼 유혹에 빠지고 싶어 빠지는 사람이 얼마나 되겠는가. 아주 우연한 기회에 만난 유혹이 빌미가 되어 결국 빠져나올 수 없는 상태까지 이르는 게 아니겠는가.

　언론에는 유혹 때문에 오랜 기간에 걸쳐 쌓아온 부와 명성을 한순간에 잃어버리거나 때로는 생명까지 잃어버린 사람들의 이야기가 실린다. 어찌할 수 없이 막다른 상황에 처한 사람들의 이야기를 읽을 때마다 인간이란 강한 듯하면서도 유혹에 약한 존재라는 생각을 하게 된다. "받지 말았어야 했는데" 하고 후회할 때 상황은 이미 수습할 수 없는 단계에 와 있는 것이다.

　어디에서 무슨 일을 하든 다른 사람을 대할 때는 인간이란 유혹에 약한 존재라는 점을 분명히 알고 행동해야 한다. 인간의 타고난 약점을 있는 그대로 받아들일 수 있다면, 할 수 있는 범위 내에서 타인이 유혹의 재물이 되지 않도록 도울 수 있다. 유혹에 빠지지 않도록 타인을 돕는 일은 자신을 구하는 길이기도 하다. 부하나 상관이 유혹에 흔들려 잘못된 선택을 하게 되었을 때 자신이 지불해야 할 값을 생각한다면 자명한 일이다.

13

모든 인간은
존엄하다

부자의 생각

대통령도 청소부도 똑같이 존귀하다. 따라서 모든 사람을 정중하게 대해야 한다.

빈자의 생각

사람의 높고 낮은 데는 다 그럴 만한 이유가 있다. 따라서 지위에 맞게 대하는 것이 공정하다.

모든 타인을 공정하게 대하는 것은 무엇보다 나 자신을 위해 꼭 필요한 일이다. 다시 데이브 롱거버거의 예를 들어보자.

회사의 연 수익이 1백만 달러를 웃돌 때도 그는 잔디 깎는 차를 타고 무려 15에이커나 되는 공장 정원을 오가면서 직접 잔디를 깎았다.

경영자의 소중한 시간이 그렇게 허비되어도 좋은지 의문을 가질 수도 있겠지만, 그는 경영이라는 본업을 떠나 잠시 생각할 짬을 마련하고 싶었던 것이다. 누가 "손수 잔디를 깎을 필요가 있습니까?"라고 물으면 그는 "잔디 깎는 게 좋으니까요. 게다가 잔디 깎는 동안은 누구에게도 방해받지 않고 이런저런 생각을 할 수 있습니다"라고 답하곤 했다.

이렇듯 소탈한 성격의 그가 허름한 작업복을 입은 채 땀을 뻘뻘 흘리며 본사 건물로 들어섰는데, 로비에는 세일즈맨으로 보이는 한 사내가 잡지를 읽고 있었다. 늘 그렇듯이 그는 정성을 다해 세일즈맨에게 인사를 건넸다. 그 다음 상황은 그의 자서전 『롱거버거』에서 옮겨보도록 하자.

"안녕하세요. 오늘은 정말 끔찍하게 덥군요."

세일즈맨은 뭐라고 중얼거리면서 나를 거들떠보지도 않았다. 그래서 나는 "어디에서 오셨소?"라고 물었다. 그 말에 나를 쳐다보는 그의 표정은 이렇게 말하고 있는 것 같았다.

"내가 이래봬도 청소부 따위와 쓸데없는 소리나 하고 있을 만큼 한가한 사람이 아니오. 당신 같은 사람하고 객쩍은 소리나 하고 앉았느니 시간을 좀더 효과적으로 써야 되겠소."

가벼운 인사를 건네는 것조차 무시당할 만큼 그 세일즈맨의 눈에 나는 별 볼일 없는 사람이었다.

데이브 롱거버거는 사장실에 도착하자마자 구매 부서의 담당자와 세일즈맨이 함께 사장실을 방문해 달라고 요구한다. 예기치 않은 사장의 환대로 들뜬 세일즈맨은 활짝 웃으며 사장실에 들어섰다. 그러나 이내 얼굴이 창백하게 변하고 말았다. 조금 전 자신이 홀대했던 허름한 작업복의 남자가 바로 이 회사의 창업자이자 사장이었던 것이다. 데이브 롱거버거는 그 세일즈맨에게 신랄하게 조언했다.

"모든 사람을 차별하지 않고 대할 줄 알게 되면 우리 회사에서는 당신을 언제나 환영할 것이오. 나는 사람을 차별하지 않소. 잔디를 깎는 노인이 되었든 바닥을 쓰는 청소부가 되었든 말이오. 당신이 어떤 일을 하든 우리 회사를 위해 일하는 직원이라면 나를 대하는 똑같은 자세로 그들을 대하기를 바라오. 우리 회사는 사람을 차별 대우하는 사람은 거부하오. 돈을 더 주고 구매를 하는 한이 있더라도 사람을 차별하지 않는 사람의 물건을 사 쓸 것이오. 그러니 우리 회사를 다시 찾고 싶거든 오늘 내가 한 이야기를 잘 생각해 보시오."

겉모습만으로 사람을 평가하는 일이 올바르지 않다는 사실은 누구나 알고 있다. 그러나 말처럼 쉬운 일이 아니다. 특히 높은 자리에 있거나 타인에게 행사할 만한 힘을 갖고 있을 경우, 편견을 갖지 않고 모든 사람을 공정하게 대하려고 노력하지 않는 한 안하무인으로 행동하기 십상이다. 사람을 지위·연령·성별·학력 등에 관계없이 공정하게 대하는 것은 부단한 노력이 필요한 일이다.

부를 축적하거나 명성을 얻거나 지위가 올라갈수록 주위에서는 필요 이상의 찬사와 갈채를 보내게 마련이다. 이때 스스로 중심을 잘 잡는 방법을 익혀두어야 한다.

자신이 과거와 전혀 다르지 않은 아무개란 사실을 항상 기억해야 한다. 또한 '사람 위에 사람 없고 사람 밑에 사람 없다'는 말은 진실이며 다만 하는 일, 즉 기능에 따라 구분이 될 뿐이라는 사실을 기억해야 한다.

타인이 부러워할 만한 위치에 서게 된 사람은 스스로 이루어 냈다는 자부심이 매우 강해진다. 물론 그런 자부심은 가질 필요가 있다. 다만 그 자부심에 한 가지를 추가해야 한다. 나의 성취는 태어나면서부터 주어진 다양한 인연, 다시 말해 다른 사람들 덕분에 이루어졌음을 깨닫는 일이다.

여러 인연과 그 덕분으로 오늘의 내가 있게 되었음을 기꺼이 받아들여야 한다. 그럴 때 우리는 '보답'이라는 단어를 생각해 낼 수 있고 내가 받은 만큼 남에게 돌려줄 수 있다.

보답하는 방법에는 단체에 기부나 자선을 하는 것도 있지만, 생활 속에서 당장 실천할 수 있는 일은 하루하루 인연을 맺는 사람들을 마음으로 돕는 일이다. 그리고 그 시작은 누구든 공정하게 대하는 일에서 비롯된다.

나라를 이끄는 대통령이 있고 회사를 경영하는 사장이 있으면 허드렛일을 도맡는 잡역부도 있고 평사원도 있게 마련이다. 이들의 차이는 단지 기능과 직책에 있는 것이지 인간의 가치라는 면에서 차이가 있는 것이 아니다. 이 사실을 잊지 말고 모든 사람을 가능한 한 정중하게 대하라.

이따금 자신의 지위나 부를 인간 그 자체와 연계시키는 사람들이 있다. 그들은 가난하고 남루한 사람들을 깔보기 일쑤고, 이런 행동 때문에 심한 비난을 받곤 한다.

신문지상에 국회의원들의 추태가 보도될 때가 있다. 술자리에서 주위에 술잔을 끼얹어 화제가 되기도 하고, 여직원들에게 폭언을 한 일이 공개되어 곤욕을 치르기도 한다. 과거 같으면 쉬쉬하고 넘어갈 수도 있었겠지만 시대가 달라졌다. 인터넷을 통해 즉시 사건의 전모가 밝혀지기도 한다.

이런 사건들의 원인은 바로 특권의식에 있다. 대우받아야 하는 존재로 자신을 정의하기 때문에 기대만큼의 대우를 제공하지 못하는 사람들에게 화가 폭발하는 것이다. 그러나 국회의원이란 유권자들이 있기에 가능한 자리다. 즉 자신에게 표를 준 사람들을 모시는 자리, 그들에게 최상의 서비스를 제공하는 자리다. 그런 본질을 잊고 방심하는 순간 짙게 배어 있던 특권의식은 추태로 드러나게 된다.

우리는 흔히 가진 자의 책무라는 뜻으로 '노블레스 오블리제(Nobles Oblize)'라는 용어를 사용한다. 노블레스 오블리제에는 스스로 사회적인 긴장을 낮추고 타인에게 희망과 용기를 보여줄 수 있는 덕목도 포함되어 있는 게 아닐까.

무엇이 이를 가능하게 하는가? 그다지 어렵지 않다. 남보다 앞선 사람들은 타인에게 한 걸음 다가가 스스로를 낮추는 언행으로 그렇지 못한 사람들의 소외감을 낮추고 그들에게 용기와 희망을 불러일으키는 것이다.

얼마 전 LG전자의 해외주재원 모임에 참석한 적이 있다. '블루오션 전략'으로 인기를 끌고 있는 프랑스 인시아드(INSEAD) 경영대학원의 김위찬 교수 이야기가 나왔다. 그가 회사를 방문해 임원이 모인 자리에서 강연을 한 모양이었다. 그 자리에 참석했던 한 임원이 말했다.

"인시아드 하면 세계 최고의 경영대학원 가운데 하나 아닙니까. 그래서 어려운 단어도 나오고 복잡한 수식도 사용하는 상당히 현학적인 강연이 될 줄 알았거든요. 그런데 진주 부근의 사투리로 아주 친숙하고 격의 없이 다가오는 강연이었습니다. 동료의식을 느낄 정도로 정말 인상적이었습니다."

남의 주목을 받는 사람이라면 의도적으로 스스로를 낮추는 노력을 해야 한다. 처음에는 이런 노력들이 다소 가식적이겠지만 한 번 두 번 반복하다 보면 편안하게 잘 맞는 옷처럼 자기 것으로 만들 수 있다.

그런 과정을 거치며 시간이 흐른 뒤에는 무엇이 처음의 자신의 모습이고 무엇이 노력의 결과인지 모를 정도가 되어버린다. 다름 아닌 훈련의 힘이다.

타인을 정중하게 대하는 일은 제일 먼저 타인에게 도움을 줄 수 있지만, 자기 자신에게도 큰 이득을 준다. 처지나 지위가 자신에게 미치지 못하는 사람을 도우면 무엇보다 기쁨을 느낄 수 있고 좋은 평판을 만들어갈 수도 있다.

사람은 학식이나 지위가 아니라 됨됨이로 평가되고, 그 됨됨이 가운데 다른 사람을 대하는 태도는 다른 무엇보다도 중요한 부분이다.

어떤 경우든 교만하게 보이지 않도록 노력하라. 모든 사람은 똑같이 존엄하기 때문에 그가 누구든 정중하게 대해야 하는 것은 당연하다.

그럼에도 불구하고 그렇게 하는 사람들이 많지 않다. 따라서 모든 사람을 정중하게 대하는 태도가 뼛속 깊이 스며들도록 노력하라. 그런 사람이 드물기 때문에 조금만 노력해도 당신은 단연 독보적이 될 것이다.

14

남보다
나를 먼저
돌보아야 한다

부자의 생각

내 앞가림을 해야 남도 도울 수 있다.

빈자의 생각

나만 생각하는 것은 이기적인 짓이다. 나보다 남들부터 돌아봐야 한다.

정해윤 씨의 『인생의 성공을 결정짓는 킬러 본능』이란 책을 인상 깊게 읽은 적이 있다. 평소 갖고 있던 생각과 비슷한 대목이 흥미롭게 묘사되어 있기에 소개해 본다. 그는 전태일·장준하·체 게바라·마틴 루터 킹의 삶을 이렇게 정리하고 있다.

전태일: 22세에 근로기준법 준수를 주장하며 분신자살.

장준하: 항일, 반독재운동에 앞장서다가 57세에 의문사.

체 게바라: 남미 혁명운동 중 39세에 볼리비아 정부군에 의해 사살.

마틴 루터 킹: 1960년대 미국 흑인민권운동의 기수로 활약하다가 39세에 암살.

우리들은 알게 모르게 순교자형 인물이 멋진 사람이라는 가르침을 받아왔다. 어렸을 때 읽은 책에 등장하는 인물은 대부분 공적인 성격의 인물이었다. 치열하게 이익을 추구하는 비즈니스세계의 인물은 드물었다. 등장한다 해도 이익을 얻기 위해 노력한 점보다 세상에 크게 기여한 바에 초점을 맞춘 이야기가 대부분이었다. 이를테면 빌 게이츠는 자신의 이익을 추구하기 위해 열심히 일한 점이 아니라 윈도라는 상품을 통해 세상을 편리하게 만든 점이 유난히 강조된다. 우리사회에서 이기심이란 숨기고 싶은 대목인지 모른다.

우리에게 진정으로 필요한 것은 사회를 이롭게 하기 위해 무엇을 하라는 강요가 아니라, 좀더 멋진 삶을 살기 위해 인생의 전반부에는 스스로에게 헌신하라는 메시지라고 생각한다. 저마다 자신의 행복추구권을 적극적으로 추구하라는 메시지가 우선이어야 한다. 다르게 표현하면 '타인에게 해를 끼치지 않는 범위 내에서 좀더 이기적으로 살아가라'는 메시지일 것이다. 정해윤 씨는 이렇게 주장한다.

당신이 인생의 전반부에 실질적이고 생산적인 것에만 관심을 기울였다면, 주위의 눈치보다 킬러로서의 본능에 충실했다면, 인생의 후반부는 앞서 얻지 못한 풍요와 명성으로 한껏 편안해질 것이다. 자신의 안위는 물론이고 이웃과 사회를 위해서 더 많이 기여하고 존경받는, 사회의 어른이 될 수 있을 것이다.

우리나라의 유교문화는 당신 인생의 후반기에 당신이 해야 할 것들을 인생의 전반기에서도 강요하는 하나의 덫과 같다. 당신 또한 너무 일찍부터 나누고 베풀고 사람들에게 덕을 쌓고 좋은 사람으로 평가되길 바란다. 그래서 정작 당신이 안위와 사회의 평화를 위해 무언가 내놓으려 할 때 당신은 빈손으로 남게 된다. 킬러들이여, 너무 일찍 인생 후반전을 시작하지 마라. 인생의 후반부는 60세에 시작해도 결코 늦지 않다. 당신이 인생에서 너무 일찍 철들어버리면 당신의 몸은 청춘과 함께했던 노동을 평생 짊어지고 가야 할 것이다.

그러나 이런 주장은 한국사회에서 비난을 받을 여지가 충분하다. 타인에게 선행을 베풀라는 말 대신 앞가림을 위해 우선 자신에게 헌신하라는 메시지는 당장 비난의 화살을 받을 것이다.

제주도에서 많은 분들을 모시고 강연을 마쳤을 때 우울한 분위기의 대학생과 일반인이 다가와 내게 물었다.

"강연에는 왜 남에 대한 부분이 없었습니까? 자신의 성공을 위해 헌신하는 것만이 중요한 게 아니라 타인을 위해 무언가를 해야 한다는 이야기가 들어 있어야 하는 것 아닌가요? 세계화로 인해 소외된 사람들은 어떻게 해야 합니까?"

내가 대답했다.

"글쎄요. 각자의 몫이 있지 않겠습니까? 개인이 할 수 있는 것은 우선 자신의 문제를 고민하는 일이지요. 자신이 원하는 삶에 가까이 다가서기 위해 노력하는 과정이 곧 타인을 돕는 길입니다. 또한 자신의 성공은 타인을 도울 수 있는 가능성을 여는 일입니다. 그러나 사회의 문제를 고민하는 일은 모든 사람들의 필수 사항이라고 생각하지 않습니다. 사회 문제를 책임지고 고민하라고 세금을 내서 정치인을 뽑고 공직자를 임명하지 않습니까?"

물론 사회 문제에 대한 관심은 필요하다. 하지만 이보다 먼저 고민해야 할 점은 내가 어떻게 살 것인가이다. 그리고 그런 개인의 노력이 합해져 궁극적으로 다른 사람의 삶에 이익을 일으키고 큰 도움을 주게 된다.

얼마 전, 환란의 와중에 눈덩이처럼 불어난 부채 때문에 어렵게 일군 사업체를 날려버리고 만 한 기업의 회장을 만날 기회가 있었다.

"오너는 함께 일하는 사람이 무능하다고 판단되거나, 같은 실수를 반복하거나, 오너가 기대하는 것보다 오너에게 기대하는 것이 더 많을 때 그를 내보내야 한다고 판단합니다. 내칠 때는 과단성 있게 뒤돌아보지 않고 내쳐야 하지요. 조금이라도 여지를 남겨두면 자꾸 기대려 하거든요. 사람의 심성이란 게 조금의 여지만 있어도 비빌 언덕을 찾게 됩니다. 연(緣)은 깔끔하게 정리하는 게 바람직합니다."

모든 고용주가 그렇지는 않겠지만 능히 가질 만한 생각이며, 기업의 경영자가 사적인 감정 때문에 미적거릴 수는 없을 것이다.

기업의 임직원들은 대의를 위해, 사회를 위해 일하지는 않는다. 그들은 시장이라는 경쟁의 장에서 승리하기 위해 불철주야 노력하고 있다. 그들은 자신의 이기적인 목적을 달성하기 위해 반드시 고객을 만족시켜야 한다. 이런 메커니즘을 제대로 이해한다면 자신의 살길을 치열하게 찾아나서는 일이야말로 삶의 중요한 의무라는 사실을 깨닫게 될 것이다.

피고용자 입장에서 기억해야 할 점은, 이처럼 불안정한 자본주의 체제를 벗어날 수 없는 한 고용주에 대한 의존성을 낮추기 위해 노력하는 것은 필요하고 그것은 바로 나 자신의 책무라는 사실이다. 세상과 꿋꿋이 맞설 수 있는 '필살기(必殺器)'를 갖추지 못한 채 고용주의 자비와 시혜에 의존하며 살아가는 것처럼 딱한 일도 없다. 그런 일들을 남의 일로만 알고 천하태평으로 사는 사람들을 만나면 참으로 안타깝다.

자신의 필살기를 만들고, 자신의 살길을 열심히 닦아가는 것을 다르게 표현하면, 타인에 대한 의존도를 최대한으로 낮추기 위해 노력하는 것이다. 다른 사람들 역시 자신의 이익을 위해 인정사정 보지 않고 의사결정을 할 수 있음을 당연한 일로 받아들여야 한다. 일단 이런 사실을 받아들이면 타인에 대한 의존도를 낮추기 위해 더욱 분발하게 된다. 그 과정에서 역량을 갖추기 위해 자신에게 투자를 아끼지 않고, 적당한 리스크를 감수하며 더 나은 삶을 향해 변신할 수도 있을 것이다.

한 가지 언급해 두고 싶은 점은 한국인들은 정치적인 성향이 강하기 때문에 아무리 이기적으로 생활하더라도 나라 걱정, 사회 걱정으로부터 완전히 자유로울 수는 없을 것이라는 점이다.

15

누구나
인정받고 싶어한다

심리학자 윌리엄 제임스는 "인간성의 가장 심오한 부분은 다른 사람으로부터 인정과 칭찬을 받고자 하는 갈망이다"라고 말한다. 『역사의 종언』으로 필명을 드높인 프랜시스 후쿠야마도 인간 역사를 이끌어가는 동력을 타인으로부터 인정받고 싶어하는 욕구에서 찾고 있다. 이 개념은 이미 헤겔이 언급한 바가 있는데, 그는 역사의 진행 과정을 이해하기 위한 하나의 중요한 메커니즘으로 '인정을 구하는 투쟁(Struggle for Recognition)'을 들었다.

누구나 선망의 대상이 되고 싶은 욕구가 있기 때문에 인간은 '타인지향형'이라고 할 수 있다. 프랜시스 후쿠야마의 설명에 의하면 이 같은 욕구는 '우월원망(優越願望: Megalothymia)'과 '대등원망(對等願望: Isothymia)'으로 나누어진다. 우월원망은 '본인이 다른 사람보다 뛰어난 인간인 것을 인지시키고자 하는 욕구'이며 대등원망은 '본인이 보통 사람과 같다는 것, 타인에 비해 뒤떨어지지 않는다는 것을 인지시키고자 하는 욕구'이다. 뛰어난 인물들은 우월원망이 강력한 동인이 되며, 열등한 위치에 처한 인물들은 대등원망이 행동의 동인이 된다.

이 같은 주장은 현실에서도 쉽게 관찰할 수 있다. 생존과 아무 관련도 없는 메달이나 장신구 등을 두고 인간이 그토록 치열하게 경쟁하는 까닭은 다른 사람들도 동시에 그것을 원하기 때문이며 남들로부터 인정받고 싶은 욕구 때문이다.

타인을 대할 때 상대방 역시 나 자신과 마찬가지로 인정받고 싶은 욕구를 갖고 있는 존재라는 사실을 기억하라. 특히 유능한 리더라면 이런 생각을 제대로 활용할 수 있어야 한다. 굳이 리더가 아니더라도 한 사람 이상과 더불어 무언가를 도모하는 사람이라면 인정받고 싶어하는 인간의 욕구에 주목해야 한다. 훌륭한 성과를 내는 데 꼭 필요한 일이다.

남북전쟁 때 링컨 대통령은 친필 편지로 휘하의 장군들이 최선을 다해 임무를 수행하도록 도왔다. 지금까지 남아 있는 편지들을 보면 부하에 대한 그의 애정은 물론, 그가 어떻게 사람들을 움직일 수 있었는지도 충분히 파악할 수 있다.

1864년 12월 26일, 링컨 대통령은 셔먼 장군에게 우정어린 편지를 쓰게 된다. 이에 대한 셔먼 장군의 답장은 사람들이 칭찬에 어떻게 반응하는가를 보여준 멋진 사례 가운데 하나다.

사바나 공략이라는 귀하의 크리스마스 선물에 고마운 마음을 금할 길 없소. 귀하가 대서양 해안을 향해 애틀랜타를 출발했을 때 나도 걱정스러운 마음을 지울 길 없었소. 하지만 원정이 성공한 지금, 그 명예는 모두 귀하의 것이오. 우리 가운데 누구 한 사람도 귀하의 원정을 묵인하는 이상의 자세를 보이지 않았기 때문이오. 내가 다음 원정은 언제야 한다고 생각하는 것 같소? 나는 귀하와 그랜트 장군의 결단에 맡기는 쪽이 안전하다고 생각하오.

이런 편지를 받은 어떤 장군이라도 대통령이 자신을 전적으로 신뢰하고 있으며 자신이 세운 모든 전공에 대해 기대 이상으로 인정해 주고 있음을 느낄 것이다. 더불어 자율성을 한껏 발휘해 더 큰 전공을 세울 수 있는 의욕과 자신감을 갖게 될 것이다. 링컨 대통령은 인간의 속성을 정확하게 이해했고, 그런 이해가 있었기에 사람을 어떻게 움직여야 하는지 알고 있었다.

각하의 편지를 받고 너무나 기뻤습니다. 특히 제 휘하의 군대로 편성된 사단을 각하가 높이 평가해 주신 것에 깊은 감명을 받았습니다. 앞으로 제가 지나친 모험으로 치닫거나 실패를 저지를 사태가 올지도 모르지만, 그럴 때는 각하의 깊은 아량이 크게 도움이 되리라고 믿습니다. 각하께서 어떤 목표를 갖고 계신가를 안 다음, 곧바로 행동에 나설 각오가 돼 있습니다.

상관의 적절한 칭찬과 격려는 온몸과 마음을 바쳐 목표를 향해 돌진할 수 있는 힘이 된다. 다른 사람을 잘 이끌어 성공적인 자리에 선 대다수는 칭찬과 격려를 통해 타인이 가진 중요한 욕구를 자극하는 일이 리더십의 본질이라는 사실을 알았던 사람들이다. 또한 타인의 욕구를 자극하는 일은 후천적으로 얻어지는 일종의 습관이다.

성공한 사람들의 자서전을 읽다보면 부모란 아이들에게 얼마나 중요한 존재인지를 매번 확인하게 된다. 아이들은 부모의 칭찬과 격려에 큰 영향을 받을 뿐만 아니라 부모가 기대하는 수준에 따라 인생의 목표를 높이 정할 수 있다.

미국의 에이본 프로덕트는 1896년 창립 이후 방문 판매로 성장을 거듭한 끝에 지금은 세계 6대 화장품회사 가운데 하나가 된 기업이다. 안드레아 정 회장이 성장할 당시만 해도 여권이란 희소한 개념이었으며 특히 유색인 여성들에게 평등이란 더욱 요원한 길이었다.

그녀의 부모는 딸이 자신들을 무척 좋아하고 따른다는 점을 알고 있었으며 부모의 기대를 만족시키기 위해 무던히도 노력하는 딸의 마음을 정확하게 읽고 있었다. 또한 딸이 얼마든지 자신들의 기대 수준을 뛰어넘을 수 있으리라 확신했고, 원하는 것은 무엇이든지 성취할 수 있는 능력을 갖고 있음을 딸에게 알려주었다.

"안드레아, 여자아이들도 남자아이들이 할 수 있는 일은 무엇이든지 다 할 수 있어. 열심히 노력하면 여자도 어떤 경지에든 오를 수 있단다." -말로 토머스, 『나를 바꾼 그때 그 한마디』

안드레아 정은 어린 시절 늘 부모의 기대 이상을 성취하고 싶었다고 한다. 그녀는 자신의 회고담에서 "나는 어머니의 말씀에서 큰 힘을 얻었다. 솔직히 내 관심은 오직 부모님을 자랑스럽게 해드리는 것이었기 때문에 다른 사람들이 나를 두고 능력이 있다 없다 판단하는 데에 크게 신경 쓰지 않았다"고 말한다.

자식이든 부하직원이든 혹은 동료이든 그들이 모두 당신의 기대 수준 이상으로 할 수 있는 것은 아니다. 그렇기 때문에 상대방이 어느 정도의 역량을 갖고 있는지 추정할 수 있어야 한다. 그럼에도 불구하고 대다수 사람들은 스스로의 잠재능력에 비해 턱없이 낮은 수준의 능력을 발휘하고 있기 때문에 얼마든지 더 잘 할 수 있는 여력을 갖고 있다.

따라서 인정받고 싶은 욕구를 자극하는 일이 필요한 것이다. 이를 제대로 이용할 수 있다면 상대방뿐만 아니라 우리 자신 역시 더 많은 성과를 이룰 수 있다.

16

누구나
보고 싶은 것만 본다

부자의 생각

보고 싶지 않아도 본다.

빈자의 생각

보고 있으면서도 보지 않는다.

『작은 것이 아름답다』는 책으로 많은 이들에게 영향을 미친 E. F. 슈마허의 또다른 저서에 『내가 믿는 세상』이라는 책이 있다. 그런데 이 '내가 믿는 세상'이라는 말처럼 인간의 한 본성을 드러내는 말도 없을 것이다. 인간은 있는 그대로의 현실을 직시하기가 쉽지 않다. 대신 자신이 꿈꾸고, 믿고, 보고 싶은 것만을 보는 속성을 갖고 있다. 카이사르도 "인간은 자신이 보고 싶은 것만 본다"는 명언을 남기지 않았던가.

치열한 경쟁에 노출되어 하루하루를 살아가는 사람들이라면 누가 뭐라고 하지 않아도 스스로 현실주의자가 되게 마련이다. 자신의 의견, 생각, 판단이 현실과 유리되는 순간부터 상당한 비용을 지불해야 하기 때문이다.

따라서 장사를 하는 사람들은 근사한 논리로 포장한 허황된 이야기를 믿지 않는다. 자신의 생존과 번영이 현실을 있는 그대로 바라보느냐 아니냐에 좌우된다는 사실을 잘 알고 있기 때문이다. 반면 현실을 제대로 판단하느냐의 여부가 삶에 큰 영향을 끼치지 않는 사람들의 경우엔 자신이 믿는 세상과 현실로 존재하는 세상을 혼돈하기 쉽다.

몇 달 전 서울의 어느 대학교에서 교내 신문에 슈마허 특집을 싣는다는 연락이 왔다. 『작은 것이 아름답다』의 서평 청탁이었고, 나는 정중하게 거절했다. 그가 꿈꾸는 작은 세상이란 정신세계에서는 가능할지 몰라도 현실세계에는 불가능한 일이 아닌가. 소수의 사람들이 오순도순 살아가는 세상이라면 슈마허 같은 지식인들이 꿈꾸는 사회는 충분히 실현 가능할 것이다. 그러나 수십억 인구가 살아가는 이 세상에 그런 세계는 적용되어서도 안되고 적용될 수도 없다. 그러나 대학에서조차 여전히 그의 특집을 다룬다고 하니 씁쓸한 기분을 지울 수가 없었다.

세상을 바라보는 시각은 크게 '있는 그대로 보기'와 '보고 싶은 것만 보기'로 나눌 수 있다. 물론 어느 쪽을 선택하느냐에 따라 세상의 모습은 크게 달라 보인다. 한 인간이 세상에 나와 성장해 가면서 어떤 과정을 통해 그 시각을 선택하게 되는지 궁금한 일이 아닐 수 없다. 선천적인 요인이 큰 것일까, 아니면 후천적인 요인이 큰 것일까.

경험상, 선천적인 요인을 무시할 수 없다는 생각이 든다. 성장과정에서 어떤 교육에 노출되는지도 무척 중요하다고 여겨진다.

정치가들이나 사회운동가들은 보고 싶은 것만 보는 인간의 본능에 주목하는 경우가 많다. 그들은 자신의 정치적인 목적을 위해 강자에 대한 까닭 없는 비난을 하기도 하고 뜨거운 민족주의를 이용해 이득을 취하기도 한다.

시오노 나나미의 『로마인 이야기』에는 서기 66년 여름에 일어나 73년 봄 마사다 옥쇄로 끝나는 '유대전쟁'을 설명하는 대목이 나온다. 작가는 유대전쟁을 로마가 선정을 베풀려고 노력했더라도 결국은 일어날 수밖에 없었던 불가피한 전쟁이었다고 평가한다. 그 전쟁은 유대인과 로마인의 사고방식 차이에서 나온 숙명적인 대결이었기 때문이다.

작가는 다른 민족을 지배해 본 경험이 없고, 대신 오랫동안 타국의 지배를 받아온 유대민족은 정신구조에 변화가 일어날 수밖에 없었다고 말한다. 그리고 그것은 정신적 유연성의 상실과 이로 인한 완고함으로 드러난다고 설명한다. 유대인은 그냥 넘어갈 수 있는 일조차 민감하게 반응하고 가혹한 현실을 견디는 데 필요한 환상적인 꿈에 의존하기 때문에 로마인의 현실주의와 충돌할 수밖에 없었음도 지적한다.

예나 지금이나 보고 싶은 것만 보는 공동체는 막대한 사회적 비용을 지불할 수밖에 없다. 비단 공동체 차원의 문제만은 아니다. 보고 싶은 것만 보는 본능을 극복하지 못하는 한 누구든 가난에서 자유롭고 당당한 삶에서 멀어질 수밖에 없다. 물론 "나는 자유롭고 당당한 삶을 원하지 않는다"라고 주장하면 달리 할 이야기가 없지만, 그렇지 않다면 이는 반드시 고쳐야 할 부분이다.

세상에는 스스로의 앞가림을 제대로 못하면서 세상이 원하는 대로 가지 않는다고 한탄하는 사람들이 있다. 그러나 정작 필요한 것은 먼저 자신의 문제를 해결하는 일이다. 이런 점에서 있는 그대로를 바라보는 일은 모든 문제 해결의 첫걸음이라고 할 수 있다.

이따금 내 저서를 신랄하게 비난하는 분들이 있다. 대개 불편한 심기란 세상을 바라보는 관점의 차이에서 연유한다. 이를테면 나는 세상을 직시하라고 외친다. 있는 그대로의 현실을 왜곡하지 말고, 머릿속에 그리는 모습으로 세상을 보지 말자고 말한다. 그 다음에는 최선을 다해 우선 자신의 앞가림을 위해 노력하라고 권한다. 말처럼 쉬운 일은 아니다. 정말 열심히 하지 않고서는 자신과 가족의 생계를 책임질 수 없다.

언젠가 필자의 커뮤니티를 방문한 직장인이 다음과 같은 댓글을 남긴 적이 있다.

님의 사유에 '남'은 없습니다. 오직 '나'의 승리와 성공만이 있지요. 님의 사유엔 '경쟁에서의 승리＝성공＝행복＝선'이라는 등식이 깔려 있습니다. 경쟁에는 적합한 등식이지만 이 세상에는 가난해도, 성공하지 못해도 자신의 신념을 지키며 오순도순 인정을 나누는 사람들이 있습니다. 그들 역시 누구 못지않은 행복을 누릴 수 있습니다.

그러나 시장에서의 승리란 격투기에서처럼 남을 때려눕히거나 짓밟는 승리가 아니다. 다른 사람들에게 최대한의 서비스를 제공하거나, 다른 사람들의 욕구나 필요를 남들보다 먼저 만족시켜 주고, 이런 성공의 대가로 상이 주어지는 과정이 시장에서의 승리다. 그런 점에서 경쟁은 승자에게만 보상을 주는 게 아니라 익명의 다수에게 승자가 만들어낸 재화나 서비스를 혜택으로 돌아가게 한다.

이민 2세로 마이크로소프트의 게임스튜디오 대표로 있는 한국계 미국인 셰인 김은 "빌 게이츠를 어떻게 평가하느냐?"라는 질문에 이렇게 대답한다.

"그는 세상에서 가장 똑똑한 사람이며 그와 같은 인물이 존재하는 것은 전 세계의 행운이다."

물론 빌 게이츠는 시장을 장악하는 과정에서 많은 기업들을 몰락으로 몰아넣었다. 이 때문에 빌 게이츠를 독점 폐해의 사례로 지적하는 사람들도 있다. 하지만 진실은 아무래도 셰인 김의 대답에 있다고 할 수 있다.

보고 싶은 것만 보는 사람과는 사업 파트너가 될 필요가 없다. 가난한 생각은 주변에도 영향을 미치기 때문이다. 나는 당신이 보고 싶은 것만 보는 사람보다는 보고 싶지 않더라도 현실을 그대로 직시하는 사람들과 더불어 보다 긴 시간을 보내기를 바란다. 성공은 보기 싫어도 볼 수 있을 때 우리를 뒤따르기 때문이다.

17

인간은
권력을 추종한다

힐러리 로댐 클린턴 상원의원의 자서전『살아있는 역사』에는 인간과 권력의 관계에 대해 흥미 있는 사례가 한 가지 소개되어 있다.

내가 퍼스트 레이디가 된 뒤 처음으로 혼자 여행하고 있을 때 한 젊은 보좌관이 물었다.

"방에 어떤 음료를 넣어드릴까요?"

"다이어트 닥터 페퍼."

그후 몇 년 동안 어디에 가든지 호텔 방에서 냉장고를 열어보면 다이어트 닥터 페퍼 캔이 가득 들어 있었고, 사람들이 음료가 가득 든 유리잔을 들고 나에게 다가왔다. 나는 걸작 애니메이션〈판타지아〉에 나오는 미키 마우스처럼 마법사의 제자가 된 기분이었다. 나는 다이어트 닥터 페퍼가 쏟아져 나오는 기계를 도저히 끌 수가 없었다.

어디 대통령 부인만 그렇겠는가? 권력이든 금력이든 누군가에게 행사할 수 있는 힘을 가진 사람이라면 한 번쯤 깊이 새겨둘 만한 에피소드다. 나의 영향력 아래 있는 사람들은 나를 행복하게 하기 위해 많은 생각을 하고 실천에 옮길 기회를 찾고 있을 것이다. 아무리 작아도 힘을 가진 사람들은 이 점을 알고 스스로의 힘을 행사하는 데 있어 신중함을 지녀야 한다.

사람은 본능적으로 권력을 가진 사람들의 비위를 맞추기 위해 필요 이상의 행동을 하곤 한다. 그래서 한 번이라도 권력의 위력을 맛본 사람들은 그 자리, 그 영화, 그 과거를 잊지 못한다. 상관이라면 부하들의 행동이 자신의 비위를 맞추기 위한 것일 수 있음을 충분히 고려해야 한다. 오판할 수도 있기 때문이다. 동시에 권력이 사라지면 언제 그랬느냐는 듯 행동을 바꾸는 사람들이 많다는 점도 기억해야 한다.

밑바닥에서 최정상까지 권력의 영욕을 모두 맛본 리처드 닉슨의 회고록 『20세기를 움직인 지도자들』에는 "단 한 번이라도 권력의 맛을 본 대부분의 정치가는 죽어도 그것을 잊지 못하는 법이다"라는 대목이 나온다. 그렇기 때문에 "상·하원의원들은 은퇴를 하거나 선거에 패해도 고향으로 돌아가길 꺼린다. 그들은 워싱턴과 권력의 주변에서 맴돌 뿐이다."

우리 주변에서도 그런 일들은 흔히 관찰할 수 있다. 리처드 닉슨이 보기에 여기서 예외적인 인물은 프랑스의 위대한 정치가 샤를 드골이었다. 그는 정계 은퇴를 선언한 후 서슴지 않고 낙향했다고 한다.

권력을 가진 사람들은 주변에 자신의 요구를 필요 이상으로 해석할 수 있는 사람들이 깔려 있음을 늘 기억해 두어야 한다.

따라서 자신의 말이 '오버슈팅(급격한 상승)'되지 않도록 주의하고 어떻게 해석될지 계산한 후 이야기해야 한다. 힐러리 의원은 "나를 즐겁게 해주기 위해서라면 무엇이든 하고 싶어하는 사람이 많다는 것, 또한 그들은 내가 원하는 것을 심각하게 오해할 수도 있다는 것을 나는 인식해야 했다"고 쓰고 있다.

간부라면 권한을 위임할 때도 주의가 필요하다. 권한 위임은 힘의 위임이라 할 수 있으며 이를 위임받는 사람은 그것을 권력으로 생각할 수 있다. 마치 완장을 찬 사람처럼 특권으로 알고 행동하는 것이다.

일선 행정 관서를 가보면, 오랫동안 민원인들을 상대해 온 사람들의 묘한 특성을 발견하게 될 때가 있다. 은연중 드러나는 거만하고 고압적인 태도 때문에 간단한 서류를 떼기 위해 동사무소나 구청에 가서도 끊임없이 불편함을 느끼게 된다. 그런데 정작 당사자는 그런 문제를 깨닫지 못한다. 그들이 스스로 알아차렸다면 그렇게 행동하지도 않을 테지만 말이다. 이윤기 씨가 쓴 칼럼에는 이런 대목이 나온다.

반평생 글만 써온 내가 구청에만 가면 쩔쩔매는 것도 한국어에 무식해서 그런 것인가? 글 부리고 말 부릴 때마다 가슴에 손을 얹고 나는 묻는다. 소통을 원하는가, 과시를 원하는가? -《중앙일보》 2005. 9. 30

그 역시 나와 비슷한 경험이 많았나 보다.

권리의식이 깨어 있는 발전한 지역에서는 항의를 받을 가능성이 높기 때문에 완장을 찬 듯 행동하는 사람들이 보다 적을 것이다. 반면 여유롭지 않은 지역에는 항의하는 사람이 거의 없었을 것이다.

부가 있으면 스스로 당당하기 때문에 완장을 찬 사람들에게 고개를 숙일 필요도 없고 그렇게 하지도 않는다. 그러나 반대의 경우라면 자신이 받는 대우를 별 이견 없이 받아들이기 때문에 계속해서 악순환이 일어나게 된다. '행정 서비스'니 '공복'이니 하는 구호를 외치지만 여전히 양반사회의 속성을 갖고 있는 한국사회에서는 아직 멀었다는 생각이 들 때가 많다.

인간이란 권력을 추종하는 존재라는 사실을 잊지 말라. 그 사실을 잊지 않는 것은 타인과의 정확한 관계를 정립하는 데 도움이 된다. 힘을 가진 자리에 있다면 이런 생각은 자신을 과대평가하는 잘못을 피할 수 있으며 권한을 위임할 때도 위임받는 사람이 그것을 남용하지 않도록 예방 조치를 취할 수 있다.

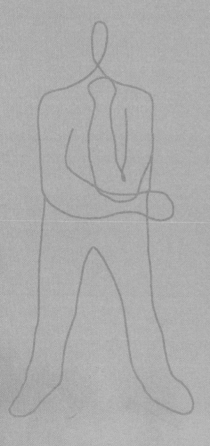

3장
조직에
대하여

18

조직은
계약으로
이루어진다

부자의 생각

회사는 언제든지 나를 해고할 수 있다.

빈자의 생각

설마 나를 자르겠어?

조직이란 특정한 목적을 위해 결성된 자발적인 단체다. 여기서 중요한 것은 자발성이다. 영리단체든 비영리단체든 누구도 어떤 조직에 가입하기를 강요할 수 없다. 조직은 그 성격에 따라 이익을 추구하는 기업이 있고, 교회·병원·시민단체·노동조합 등과 같이 비영리적인 목적으로 만들어진 단체들도 있다. 조직의 성격이 무엇이든 목표를 달성하기 위해 만들어진 사람들의 모임이라는 사실은 변함이 없다. 이따금 시간이 지나면서 조직의 설립 목적을 잃어버리게 되는 경우가 있는데, 이때 조직은 정체성의 위기에 빠져 어려움을 겪기도 한다.

특히 기업은 실정법과 관습, 윤리가 허용하는 범위에서 최대한 이익을 추구하는 게 존립 이유이며, 그런 과정을 통해 주주들에게 이익을 돌려줄 수 있고 직원들에게 임금을 지불할 수 있다. 공동체에는 세금으로 돌려줄 수도 있다. 그러나 이익 추구에 우호적인 시각을 갖지 못한 사회일수록 기업의 존립 이유가 이익 추구 라는 사실을 외면하는 경향이 있다. 그래서 '기업의 사회적 책임' 운운하게 된다.

어느 토요일 오후, 건축과 관련된 디자인 업무를 하는 젊은이들을 대상으로 특강을 할 기회가 있었다. 강의 전 대표이사를 만나 이런저런 대화를 나누다 경영자로서 요즘 가장 고심하는 문제는 무엇인지 물었다. 그는 "저희는 이제 막 중소기업에서 중견기업으로 발돋움하는 상태이지 않습니까? 이런 시점에서 회사의 비전과 개인의 비전을 어떻게 일치시키느냐 하는 문제가 가장 힘든 일입니다"라고 말했다.

강연이 끝날 무렵, 마침 30대 초반의 한 참석자가 손을 들고 질문을 던졌다. 회사의 비전과 개인의 비전이 일치하지 않을 때 어떻게 해야 하느냐는 내용이었다. 두루뭉술하게 대답할 수도 있었지만 원론적인 답을 정리해 두는 것이 좋겠다는 생각으로 대답을 했다. 그 대답이 바로 지금부터 다루려는 내용이다.

기업은 뚜렷한 목적을 갖고 설립되며 그 목적을 효과적으로 달성하기 위한 수단으로 비전이나 장·단기 목표를 설정한다. 그런 목표는 개인과 협상의 대상이 될 수 있는 것은 아니다. 따라서 조직의 목적과 개인의 목적을 일치시키는 가장 큰 책임을 가진 사람은 조직에 속한 개개인이다. 개인은 조직의 비전과 자신의 비전을 일치시키기 위해 노력해야 한다.

기업은 계약의 종합체라고 할 수 있다. 계약서상으로 갑은 당연히 조직이며 모든 계약은 갑과 을의 관계로 표기된다. 냉정하게 보일지 모르지만 기업이 개인의 비전에 맞춰줘야 할 의무는 없다. 처음 입사할 때 기업이 지향하는 바가 내가 추구하는 바와 일치하는지를 확인하는 일은 개인이 주의를 기울여야 할 부분이다. '주의 의무'가 구매자에게 있듯 고용 계약에서도 비전의 일치를 평가할 수 있는 사람은 고용을 결정하는 사람의 몫이다.

강의에서 질문을 던진 젊은이는 스스로 노력해야 한다. 노력했음에도 불구하고 기업의 비전과 도저히 일치할 수 없다면 조직을 떠나야 한다. 다음에 새로운 조직을 고려할 땐 어떤 곳인지를 꼼꼼하고 정확하게 파악한 다음 들어가는 게 좋을 것이다.

회사에 들어간다는 것은 을의 입장에 서게 됨을 뜻한다. 막강한 협상력을 가진 기술이나 재능으로 갑에게 당당히 요구할 수 있는 경우도 있지만, 을의 입장이란 대개 떠나거나 남아 있거나로 요약된다. 조직은 본질적으로 계약의 종합체라는 사실을 받아들이면, 조직을 이상적으로 바라보는 대신 있는 그대로 볼 수 있게 된다. 또한 자신이 을의 입장에 있다는 사실을 그대로 받아들일 때 어떻게 살아야 할지 나름의 방법을 터득하고 미래 준비에 박차를 가할 수 있다.

우울한 이야기지만, 조직이 합법적인 절차에 따라 나가달라고 요구하면 을의 입장에서는 받아들일 수밖에 없다. 조직에 대해 온갖 불평불만을 늘어놓으면서도 떠나지 않는 것 또한 바람직한 일은 아니다. 조직의 지향점이 마음에 들지 않으면 떠나는 게 올바른 선택이 아닐까.

GE의 전 회장 잭 웰치의 자서전 『잭 웰치, 끝없는 도전과 용기』에는 꿈과 비전, 가치를 공유할 수 없는 사람들을 그가 어떻게 대했는지에 대한 상세한 내용이 나온다. 그는 GE의 가치와 재무 성과라는 두 가지 지표를 이용해 관리자를 네 그룹으로 분류했다.

첫번째는 탄탄대로를 달리는 그룹으로 재무 성과도 뛰어나고 가치를 공유하는 면에서도 뛰어난 사람들이다. 한마디로 신나게 함께 일할 수 있는 사람들이다. 두 번째는 재무 성과도 뛰어나지 않고 가치를 공유하는 데도 부족한 사람들로, 단호하게 내보내야 하는 그룹이다. 세 번째는 재무 성과는 미흡하지만 가치를 공유할 수 있는 그룹이다. 잭 웰치의 경험에 의하면, 이들은 두세 번 정도의 기회만 더 주어지면 얼마든지 재무 성과를 끌어올릴 수 있다. 마지막은 재무 성과는 뛰어나지만 가치 공유는 힘든 사람들로, 최악의 그룹이다. 그들은 부하직원을 격려하고 사기를 북돋아주는 게 아니라 자신의 능력을 과신할 뿐이다. 뿐만 아니라 교만하고 독선적이어서 부하직원들을 들들 볶거나 몰아치기 일쑤다. 이 부류의 사람들도 당장 나가도록 해야 한다는 게 잭 웰치의 생각이다.

1992년, 잭 웰치가 보카 회의에서 500명의 경영자들에게 높은 재무 성과에도 불구하고 회사를 떠난 경영자들에 대해 설명하는 대목이 인상적이다.

"여러분 주위를 둘러보십시오. 5명의 경영자가 보이지 않을 겁니다. 그들 중 1명은 성과를 올리지 못했기 때문에 GE를 떠났습니다. 하지만 4명은 성과를 올렸음에도 불구하고 우리의 가치들을 공유하지 못했기 때문에 떠나야 했습니다. (중략) 우리가 가치 공유에 이처럼 많은 시간을 투자하는 이유는, 그만큼 중요하기 때문입니다. 현실 직시·도덕성·세계화·벽 없는 조직·신속성·권한 위임과 같은 가치들을 강 건너 불 보듯 해서는 안 됩니다. 우리는 그 가치들을 기꺼이 받아들이지 않는 사람과는 함께 일할 수 없습니다. 모든 사람이 그 가치들을 자신의 현실로 받아들여 적극적으로 실천에 옮겨야 합니다."

"기업이 우리에게 비전을 제시해 주지 못하고 있습니다"라는 이야기도 강연에서 자주 듣는 이야기 중 하나다. 지향점을 제대로 설정하고 추진하는 유능한 리더를 만나는 것은 조직 구성원들에게 대단한 행운이다. 그것은 예외적인 일이기 때문이다. 그렇다면 조직 구성원들이 스스로 자신의 비전을 만들어내야 하지 않을까. 또한 조직의 리더가 아무리 멋진 비전을 만들어 제대로 이끌어간다고 해도 개인의 비전 설정과 추구에 얼마나 도움을 줄 수 있을지는 의문이다. 다시 말하면, 어떤 상황에서든 비전을 자신의 것으로 발전시키는 것은 각자의 몫이다.

구성원들은 조직에 큰 기대를 갖지 않는 것이 현명하다. 조직은 계약의 종합체일 뿐이며 그 계약은 언제든지 해지될 수 있기 때문이다. 이 사실을 결코 잊지 말라. 또한 조직에는 그 자체의 한계와 부족한 점이 있다. 이를 인정하고 구성원 개개인이 스스로 부족한 점을 채워나가는 자세가 필요하다.

19

조직은
생존 논리를 따른다

삶은 생존경쟁이다. 이는 인간이나 기업 모두에게 적용되는 절대적인 명제다. 자원은 유한하다는 자연법칙을 거부할 수 없는 한 생존경쟁은 불가피하다. 지금 이 순간에도 기업 같은 영리조직은 치열한 경쟁 환경 속에서 살아남기 위해 안간힘을 쏟고 있다. 살아남기 위해 기업은 수입과 지출 사이의 균형을 끊임없이 맞춰가야 한다.

한편, 영리를 추구하는 사기업을 방문할 때와 주어진 예산이 확보된 공적 기관에 갈 때, 생존을 위한 노력의 강도에서 둘 사이에 큰 간격이 있음을 느끼곤 한다.

기업은 생존을 위해 선택할 수 있는 모든 수단을 강구한다. 사업을 다각화하고, 조직 내부를 고치고, 시장을 개척하고, 새로운 고객을 찾기 위해 노력한다. 그런데 정답은 없다. 한때 정답처럼 보이던 선택도 금세 환경이 바뀌고 나면 무용지물이 되어버리기 때문이다. 끊임없는 문제 해결의 과정이 기업경영의 핵심이며, 그 무엇도 확실한 것은 없기 때문에 경영자들은 늘 노심초사하게 마련이다.

삼보컴퓨터의 부도는 기업의 생존이 얼마나 힘든지를 잘 보여

주고 있다. 경영진이 방만했던 것도 아니다. 그들은 컴퓨터 하드웨어 제조업의 한계를 일찍부터 알아차렸다. 아마도 그들이 선택할 수 있었던 대안은 살아남은 국내의 몇몇 PC 제조사처럼 전문기업으로 내실을 다지는 쪽이었다. 그러나 삼보컴퓨터는 전문기업으로 일시적인 안식처는 구할 수 있어도 장기적으로 생존을 보장받을 수 없다는 결론을 내렸다.

그들은 이동통신·소프트웨어·초고속인터넷·방송·벤처투자업 등으로 사업 영역을 확장하는 데 심혈을 기울였다. 그러나 어느 것 하나 수익을 내는 사업으로 자리를 잡지 못했고 결국 법정관리에 들어가고 만다.

창업자인 이용태 전 명예회장은 어느 인터뷰에서 "컴퓨터 사업에 더 신경 썼어야 했다"는 말로 아쉬움을 토로한 적도 있지만, 경영진은 나름대로 최선을 다했을 것이다.

기업경영에 성공의 원리 원칙은 존재할지 모르지만, 항상 높은 성과를 가져다줄 정답이 없다는 점이 경영자들을 괴롭힌다. 잭 웰치의 경영에 있어서 트레이드마크는 바로 차별화였다. 잭 웰치는 『위대한 승리』에서 차별화에 대한 믿음을 다음과 같이 밝히고 있다.

나는 차별화를 강력하게 지지한다. 차별화를 통해 평범한 기업이 우수한 기업으로 변모했을 뿐만 아니라 윤리적으로도 차별화만큼 건전한 관리 시스템은 없다. 그야말로 차별화 전략의 효과는 탁월하다.

기업이 승리하려면 관리자들은 실적이 우수한 사업과 그렇지 못한 사업 혹은 우수한 직원과 그렇지 못한 직원을 명확하게 구분해야 한다. 강점을 개발하고 약점을 버려야 하는 것이다. 모든 사업 부문과 직원을 똑같이 대접한다면 기업은 어려움을 겪을 수밖에 없다. 투자자금 역시 바다에 내리는 비처럼 흔적도 없이 사라지고 말 것이다.

이미 잘 알려진 바와 같이 그의 차별화 전략에는 '20-70-10'의 원칙에 따라 임직원들을 평가하는 방법이 있었다. 상위 20%의 인재들에게는 보너스나 스톡옵션, 칭찬과 격려, 교육과 훈련 등 다양한 정신적·물질적 보상이 주어졌다. 반면 중위 70%에게는 적극적인 참여를 유도하는 동시에 꾸준히 동기를 부여해 이들이 상위 20%에 들 수 있도록 도왔다. 마지막으로 하위 10%의 인재들에게는 회사를 떠나도록 권고해 그들이 자신의 역량을 발휘할 수 있는 곳을 찾도록 했다.

그러나 똑같은 제도도 다른 기업에서는 완전히 다른 결과를 낳을 수 있다. 포드자동차 사장으로 원가 절감에서 탁월한 능력을 보여 '나이프 같은 잭'으로 불리던 재크 나세르는 1997년 포드자동차 사장으로 임명되었다. 재크 나세르는 과감한 구조조정을 단행하면서 아울러 자동차 외의 분야로 사업 영역을 확대해 주주 이익의 극대화를 달성하려고 노력했다.

이 과정에서 그는 포드에 강력한 성과주의를 정착시키기로 결심하게 된다. 그는 신참 중급 관리자들 앞에서 "머리털이 삐죽

설 만큼 짜릿한 긴장감을 가져다 주지 못한다면, 다른 일자리를 찾아보십시오. 경쟁사에 가보는 건 어떨까요? 포드로서는 그 편이 더 낫습니다"라고 이야기할 정도로 자신만만했다.

그는 성과주의를 조기에 정착시키기 위해 자신이 가장 좋아하는 경영자 가운데 한 사람인 잭 웰치의 아이디어를 받아들였다. 자신이 추진하는 야심적인 혁신운동에 적극적으로 동참하지 않거나 성과가 떨어지는 직원들을 솎아내기 위해 '20-70-10'에 필적할 만한 제도를 실시한다. '10-80-10'이라고 불린 성취 관리 프로그램(PMP: Performance Management Program)이 바로 그것인데, 『포드 100년의 저력』에서 저자 데이비드 마지는 이렇게 설명하고 있다.

원래 형태의 PMP는 포드사의 1만 8,000명 고위 간부급 직원들을 A-B-C의 순서에 따라 직급을 나누었다. 즉 상위 10%가 A급, 그 아래 80%가 B급, 그리고 하위 10%가 C급으로 나뉘는 식이었다. 2년 연속 C급 판정을 받으면 회사에 기여하는 바가 거의 없으며 해고를 당할 가능성이 있음을 뜻했다. 단 한 번 C급 판정을 받더라도 보너스 및 능력제 승급의 대상에서 탈락되었으며, 대신 그 혜택은 최고의 성취도를 달성하는 것으로 판정받는 A급 직원에게 고스란히 돌아갔다.

이 같은 제도는 순기능이 있었음에도 불구하고 뚜렷한 역기능을 나타내기 시작했다. 회사에 대한 충성심과 공헌 정신을 중시하는 기업문화 속에서 이 같은 제도는 인사권을 장악한 재크 나세르의 개인적인 선호에 의해 좌지우지된다는 비판을 면하기 어려웠다.

재크 나세르가 사임하고 포드 가의 증손 빌 포드가 경영권을 맡으면서, PMP는 대대적인 수술을 거쳐 포드의 기업문화에 적합한 제도로 탈바꿈하게 된다.

이처럼 기업경영에 정답이란 없다. 원리 원칙은 있지만, 그것 또한 실행 단계에서 어떤 성과를 낼지 아무도 예측할 수가 없다. 그러나 어떤 업종에서 활동하고 있는 기업이든 한 가지 분명한 점은 있다. 바로 기업은 생존의 논리에 따라 움직여야 한다는 사실이다.

화려한 역사가 경영에 짐이 된다면 과감하게 그 짐을 벗어던질 수 있어야 한다. 순간순간 변하는 상황에 맞춰 최적의 사업구조, 최적의 조직구조, 최적의 인력구조를 갖추기 위해 끊임없이 스스로를 리모델링해야 한다. 이를 게을리하는 기업을 기다리고 있는 것은 패자의 자리일 뿐이다.

조직에서 오랫동안 생활하다 보면 은연중에 견고한 성채 안에 있는 듯 느끼기 쉽다. 다수의 임직원들은 리스크를 직접 체험할 수 없기 때문이다. 정해진 날에 보수가 지급되고 기업의 규모가 웬만큼 크다면 자신이 맡고 있는 부분적인 업무에만 매달리게 되기 쉬우므로, 전체를 바라보기 힘들다. 그러나 전체를 바라보는 순간 기업이란 철두철미하게 생존 논리에 따라 움직이는 조직임을 알게 될 것이다.

『정의와 질투의 경제학』에서 다케우치 야스오 교수는 미국기업을 이렇게 묘사한다.

미국의 기업은 '머니게임을 위한 기계'이고, 그것을 소유하고 최대의 배당을 요구하는 것이 주주이며(주주 주권), 경영자는 그 요구에 따라 업적(고배당, 고주가)을 올리는 것으로 보수를 받는 기계의 운전자인 것이다. 그러한 실적은 분기마다 평가되기 때문에 기업은 단기이윤을 최대화하는 교과서식의 목표를 향해 행동하지 않으면 안된다. 종업원은 세분화된 노동서비스의 제공이라고 하는 계약관계로 기업과 연결되어 있는 것에 지나지 않는다. 기업과 종업원과의 관계는 마차와 말(馬)의 관계와 비슷하다. 말은 사정에 따라 대체나 분리가 가능하다. 기업은 국경을 넘어서 가장 유리한 시장을 찾아 세계를 무대로 게임을 전개한다. 이렇게 미국의 거대기업은 순전히 머니게임 지향적이며 또한 글로벌한 전략을 가지고 행동한다.

옳고 그름을 떠나서 미국기업의 유형은 비단 미국뿐 아니라 보편적인 기업의 모습으로 자리를 잡아가고 있다.

기업경영의 최우선 원칙은 살아남아야 한다는 점이다. 생존에 필요하다면 금지옥엽처럼 여기는 핵심 사업도 팔아치울 수 있고, 언제든지 사람을 내보낼 수도 있다. 때문에 조직에 대한 정확한 관점을 갖기 원하는 사람이라면 냉정하게 기업이란 생존 논리에 따라 움직인다는 생각을 확고히 할 필요가 있다. 이 생각을 잊지 않는 한, 조직에 대한 막연한 기대로 낭패를 보는 일은 피할 수 있다.

20

조직은
현실이다

어디에도 이상향은 없다. 개선해야 할 현실이 있을 뿐이다.

이상향은 있다. 그곳을 찾아가는 것이 내가 할 일이다.

사람 살아가는 곳이 어디나 그렇듯, 조직에서도 이성적으로 납득할 수 없는 일들이 일어날 때가 많다. 따라서 조직생활 초년에는 그런 부당함에 큰 심적 고통을 겪게 된다. 도저히 이해할 수 없는 상관의 무능과 부당함이 원인일 수도 있지만, 조직 전체에 만연한 관료주의와 뒤통수치기 같은 일 때문에 분노할 수도 있다.

모두가 합리적이고 이성적으로 생각하고 행동할 수 있다면 세상살이가 얼마나 좋으랴만 본래 사람 살아가는 곳이란 그렇지가 못하다. 또한 몸담고 있는 조직이 어떠해야 하는가에 대한 생각은 사람마다 다르다. 사소하게 보일지 몰라도 이런 차이는 훗날 커다란 격차를 낳기도 한다.

언젠가 시스템과 관련된 G사를 방문한 적이 있다. G사의 모기업은 대기업이지만 오너십이 확실하지 않기 때문에 계열사 관리가 거의 이루어지지 않고 있었다. 내부 거래 물량이 많은 다른 대기업에 비해 G사의 경우는 10%도 채 되지 않았다. 오너십이 없는 모기업에서 G사는 거래 대상이 될 수 있는 시장의 여러 기업들 가운데 하나일 뿐이다. 따라서 다른 기업들처럼 계열 관리

차원에서 지원해 줄 필요도 없고, 오히려 까다로운 공정거래 관련 규제 때문에 모기업은 G사를 역차별하기도 한다. 조금이라도 도와준다는 인상을 주었다가는 벌칙금뿐 아니라 신문에 보도되는 곤욕도 치러야 하기 때문이다.

결과적으로 G사 내부에는 모기업에 대한 섭섭함에 부정적인 시각까지 퍼지게 되었다. G사의 혁신을 주도하고 있는 30대 중반의 한 인물도 그런 이야기를 들려주었다. 그는 어떻게든 회사를 제대로 자리잡게 하려고 애쓰는 열혈 직원이었다.

"저는 모기업에 대한 믿음을 완전히 거두었습니다. 벼랑 끝에 서 있다고 생각하면 오히려 일이 잘 풀릴 텐데, 사람들은 여전히 성과가 부실한 원인을 모두 모기업에 돌리고 있습니다. 늘 모기업이 도와준다면, 이렇게 저렇게 해줄 수 있다면 우리가 제대로 할 수 있을 텐데, 이런 식입니다."

그의 애로사항은 직원들이 조직을 바라보는 시각을 전혀 바꾸려 들지 않는다는 점이었다. 부실한 경영 성과를 극복하기 위해 힘을 모으자고 해도 대안의 중심에는 항상 모기업의 태도 변화가 자리하게 된다고 한탄했다. 그의 이야기를 들으면서, 그리고 다른 G사 직원들을 만나 대화를 나누면서 나는 머릿속에 그리는 모습이 아니라 있는 그대로 조직의 실상을 받아들이는 일이 얼마나 어려운지를 알 수 있었다.

세상에는 자신이 바꿀 수 있는 것도 있지만 바꿀 수 없는 것도 있다. 바꿀 수 있는 것은 바꾸도록 노력해야 하지만, 그렇지 않다면 그대로 받아들여야 한다. 받아들일 수 없다면 떠나야 하는 것이다. 물론 상대방이 변할 수 있는 부분도 있다. 그러나 상대방의 변화란 강요할 수도, 장담할 수도 없는 것이다.

G사의 경우는 누가 보더라도 모기업의 변화를 기대할 수 없다. 모기업은 대기업으로 오랫동안 국영 체제에 있었으며 오너십이 없는 상태다. 이렇듯 명백한 사실을 현실로 받아들이면 그다음부터는 아무 기대도 하지 않을 테고, 스스로 살길을 찾아나서게 될 것이다.

조직은 이상이 아니라 현실이라는 생각을 굳게 가져야 한다. 자신의 힘으로 변화시킬 수 없는 것에 대해 불평불만을 늘어놓으며 한탄만 할 게 아니라 깨끗이 포기하고 스스로가 변화시킬 수 있는 부분에 집중하는 편이 현명하다.

한편 조직생활을 하다보면 계속 있어야 하는지 아니면 떠나야 하는지를 두고 고민할 때가 많다. 훗날 돌이켜보았을 때, 결단의 순간에 잘 변신했다고 판단할 수 있다면 행운아임에 틀림이 없다. 그러나 떠남이 결코 현실 도피성이 되어서는 안 된다. 다시 말해, 떠남은 주체적인 선택이어야 한다.

이때 '조직은 현실이다'라는 생각 위에서 내린 선택은 실수로 연결될 가능성이 낮다. 그러나 조직을 이상적으로 생각하고 그 위에서 내린 선택은 대부분 큰 실책이 된다. 현재보다 나은 상황이 전개될 것이기 때문에 떠나야 하지, 머릿속에 그리는 이상적인 조직의 모습이 아니기 때문에 떠나서는 안 된다.

《비즈니스 위크》는 2003년 7월 7일자에 앨런 래플리 사장의 이야기를 크게 다룬 적이 있다. 경영 부실로 휘청거리던 P&G는 3년 전 그가 사장 자리에 오를 때만 해도 주식 가격이 58달러에 불과했다. 하지만 그가 재임하면서 주가는 50%나 올랐다.

그러나 이렇듯 큰 능력을 발휘하고, 1977년 P&G 화장품사업부에 입사해 차근차근 단계를 밟아가며 최정상 자리까지 오른 입지전적인 인물인 그에게도 가혹한 시련의 시기가 있었다. '더 이상 참을 수 없어. 이제 나가야 해'라는 생각이 드는 때 말이다.

입사한 지 6년째인 1982년, 그는 코네티컷 주의 한 컨설팅회사로 자리를 옮기기로 결심을 굳히고 집을 장만하는 등 만반의 준비를 마친다. 마침내 사표를 냈을 때, 상사는 그를 만류하며 "이따 밤에 전화하게. 다음 주엔 출근하지 않아도 되지만 대신 매일 밤 날 찾아오게"라고 간곡하게 권한다. 앨런 래플리는 상사의 청에 따라 매일 밤 그의 집을 방문해서 이런저런 대화를 나누게 된다. 그렇게 며칠이 지났을 때 상사가 말했다.

"자넨 그냥 달아나고 싶은 거야. 회사에 남아 문제를 해결하고 바로잡을 만한 용기가 없는 거지. 다른 곳에서 어려움을 만나게 되면 또 도망갈 궁리를 하게 될걸."

모욕적인 이야기로 들을 수도 있었지만 앨런 래플리는 상사의 말을 새겨들었고, 그 말을 곱씹을수록 자신이 힘든 나머지 쉬운 길을 선택하려는지도 모른다는 생각이 들었다. 이때 어린 시절부터 항상 독립적이고 자신감을 갖도록 용기를 준 어머니는 그가 중심을 잡는 데 도움을 주기도 했다. 결국 회사에 남기로 한 그는 이후 어려운 문제를 만날 때마다 "넌 문제를 바로잡을 힘이 있어. 만약 문제를 얘기할 수 있고, 바로잡으려는 의지만 있다면 말이지"하고 스스로에게 말하는 습관을 갖게 된다.

이처럼 살아가는 것은 문제를 해결해 가는 하나의 과정이라고 생각하면 한결 여유롭게 주위를 둘러볼 수 있다. 어떤 순간에 어떤 결정을 내리는가에 따라 삶의 궤도는 180도 달라지게 된다.

물론 모든 사람이 현재의 직장에 붙박이식으로 머물러야 한다는 말은 아니다. 중요한 것은 조직은 이상이 아니라 현실이라는 사실을 인정하는 것이다. 그리고 그런 생각의 토대에서 결정을 내리는 것이다. 지금 몸담고 있는 조직뿐 아니라 다른 어떤 조직에서도 당신은 이상향을 찾을 수 없다.

지인 한 명이 안정적인 대학을 떠나 새로운 길을 걷기로 결정했다. 대학 사회의 불합리한 문제들에 대한 이야기를 들으면서 나는 그가 직면하게 될 또다른 세계의 어두운 면을 떠올렸다.

조직을 떠나 자기 사업을 일으키려면 훨씬 더 부당한 세상과 마주칠 용기와 지혜를 가져야 한다. 그곳은 보호막이 전혀 없는, 한파가 몰아치는 곳이기 때문이다. 또한 어느 조직을 가든 사내 정치와 음모, 술수가 있다. 이럴 때 조직은 이상이 아니라 현실이라는 생각으로 자신을 추스르고 어려움을 슬기롭게 극복해야 한다. 그런 과정 자체가 삶이 아닌가.

21

조직은 당신이
무엇을 줄 수 있는지
주목한다

부자의 생각

내가 먼저 회사에 주어야 한다.

빈자의 생각

회사가 먼저 내게 주어야 한다.

계약관계란 주고받는 관계를 말한다. 특히 기업을 비롯한 대부분의 조직에서는 주고받는 관계를 벗어날 수 없다. 그러나 조직에 몸담는 햇수가 늘어갈수록 자신이 조직에 머물고 있는 것을 당연하게 여기게 되기 쉽다. 그렇듯 당연히 여기는 순간 매너리즘은 행동과 사고를 지배하며 이때는 개인도 조직도 모두 피해자가 된다.

기업에 몸담고 있는 사람들은 정기적으로 자신이 계약관계의 본질에 대해 경각심을 갖고 제대로 하고 있는지를 자문하고 확인하는 작업이 필요하다. 내가 조직에 제공할 수 있는 것은 무엇이 있는지 자주 질문해 보는 게 큰 도움이 된다. 내가 제공할 수 있는 것을 하나하나 엄격하게 따져보는 일은 미래를 준비하는 데 필수적이기 때문이다.

불안정의 시대라고 하지만 의외로 많은 직장인들이 두려움 없이 살아간다. 조직과 자신의 관계를 지나치게 낭만적으로 받아들이기 때문일 것이다. 조직은 특히 구성원의 직급이 높아질수록 그가 무엇을 제공할 수 있으며 몸값은 제대로 하고 있는지, 다른 사람으로 대체할 가능성은 없는지 등을 질문하게 된다. 조직이 꼭 필요로 하는 사람, 절대로 놓쳐선 안 되는 사람으로 자신을 만들어야 할 책임은 바로 당신 자신에게 있다.

날로 경쟁이 심해지고 고용 환경이 수요자시장으로 바뀌어가는 시대적 환경을 고려하면, 계약관계에 대한 정확한 인식은 더욱더 중요해진다. 그러나 많은 직장인들은 미래를 준비해야 한다는 말에는 동의하지만 구체적으로 무엇을, 어떤 수준으로, 어떻게 준비해야 하는지는 심각하게 고민하지 않는 듯하다.

회사생활을 10년 정도 한 사람들에게 입사 이후 자신이 만들어온 것 가운데 조직에 자신 있게 내놓을 수 있는 것은 무엇인지를 물어볼 때가 있다. 입사 후 10년이면 "나는 이것만은 누구보다 자신 있게 내놓을 수 있습니다. 그러니까 내가 조직에 큰소리칠 수 있는 거죠"라는 대답이 나올 수 있어야 한다. 그러나 지금까지 경험으로 미루어보건대 자신 있게 대답할 수 있는 사람은 소수 중의 소수이다.

한국P&G와 해태제과 사장을 거쳐 LG생활건강 사장으로 재임하고 있는 차석용 사장이 연세대에서 한국기업의 잘못된 인사 관행에 대해 쓴소리를 한 내용을 유심히 읽은 적이 있다. 그는 평소에도 시간의 50%는 자신을 계발하는 데 투자해야 한다고 귀에 못이 박힐 정도로 외치고 다니는 사람이다.

사람이 창의적인 능력을 최고조로 발휘하는 때는 20~30대입니다. 하지만 많은 한국기업에서는 머리가 '오징어'처럼 말라비틀어진

부장과 임원 밑에서 20~30대 인재들이 대리 과장으로 10년씩 썩는 구조이지요. 오전 내내 일장 연설식 회의를 하고는 점심 먹으러 나가 오후 2시가 넘어 들어와 대충 보고받고 오후 4시가 돼야 업무 지시를 내리는 중간 관리자들이 부지기수입니다. 결국 신입사원은 오후 4시부터 야근 준비를 해야 하지요.

입사 5년 안에 브랜드 매니저가 되지 못하고, 10년 안에 사장에 오르지 못하면 스스로 나가야 하는 P&G 같은 외국기업에서는 상상도 못할 일입니다. 파릇파릇한 30대 경영자가 나올 수 없는 현 기업 풍토에서는 경영진이 머리가 비고 경직될 수밖에 없는 구조입니다.

-《한국경제》 2005. 5. 10

우리끼리 지낼 때야 별로 문제가 없었다. 그러나 거의 모든 분야가 글로벌 경쟁에 노출되기 시작하면서 수십 년간 계속되던 우리식 관행들의 문제점이 본격적으로 드러났다.

하지만 조직은 세상의 변화만큼 빨리 변화하지 못하고 있으며, 우리들은 한 살 두 살 나이를 먹어간다. 지나간 세월을 한탄하고 이제까지 주어졌던 환경을 후회해 봐도 소용없는 일이다. 세상살이의 모순적인 것 가운데 하나는 과거를 묻지 않는다는 것이다. 과거에 어떤 환경에 있었는지 과거에 얼마나 열심히 일했는지는 별반 중요하지 않다.

정말 중요한 것은 지금 무엇을 할 수 있는가이다. 다시 말해 조직은 지금 당신이 제공할 수 있는 게 무엇인가에 주목할 뿐이다. 나 스스로도 지난 직장생활을 돌아볼 때마다 당시 분위기에 편승해 편한 자세로 살았다면 지금쯤 위기에 처하고 말았을 거라는 생각을 하게 된다.

내가 직장생활을 하던 때는 환경 탓을 하는 사람들이 많았다. '환경이 바뀌면 내가 어떻게 할 텐데'라면서, 열심히 준비하지 않는 이유를 주어진 환경에 돌리고는 했다. 그러나 조직 내의 환경은 쉽게 바뀌지 않는다. 따라서 미래를 위해 열심히 준비하지 않았던 대다수는 이제 뒤처지고 말았다.

안철수연구소의 안철수 전 사장은 자신이 이끌었던 회사의 인재를 '끊임없이 발전하려고 노력하는 사람'이라고 정의한다. 여기에 '동료의 발전과 회사의 발전을 두루 생각하는 사람'이라면 더욱 바람직하다고 말한다. 이 같은 인재상은 회사가 요구하는 바가 계속해서 변화한다는 사실, 그리고 우리는 이에 맞춰 적극적으로 발전해 나가야 한다는 사실을 드러낸다.

피터 드러커는 '자신의 지위나 지식을 이용해 업무를 수행하는 과정에서 조직 전체의 성과와 결과에 영향을 미치는 의사결정을 해야 하는 지식근로자와 관리자, 전문가'를 모두 '경영자(Executive)'라고 부른다. 이처럼 자신이 특정 직급에 고용된 자가 아니라 경영자라는 생각을 가지면 새로운 발견을 할 수 있다.

이런 맥락에서 나는 일찍부터 '1인 기업가'라는 개념으로 스스로를 바라보자는 제안을 하기도 했다. 나 자신을 보는 관점을 바꾸면, 기업이 시장의 수요 변화에 따라 자신을 끊임없이 변화시켜 나가는 것처럼 조직의 수요 변화에 따라 자신을 변화시켜 나가는 일은 너무나 당연해진다.

이렇게 스스로를 바라보는 관점을 바꾸고 노력하지 못하면 항상 조직의 결정에 자신의 운명을 맡겨버리는 존재가 되고 만다. 자유의지를 갖고 활동할 수 있는 영역은 줄어들고 타인의 의도에 따라 운명이 결정되는 것처럼 불안한 일이 어디 있겠는가? 당신이 몸담고 있는 조직을 마음씨 좋고 선량한 후원자로 생각하지 말라. 기업은 항상 당신이 무엇을 제공할 수 있는가에 주목하고 있다.

22

조직의 요구는
끊임없이 변한다

부자의 생각

회사가 변하고 있다. 나는 변해야 한다.

빈자의 생각

언젠가는 변할 것이다. 그러나 아직은 아니다.

'조직은 나에게 무엇인가?' 스스로 이런 질문을 자주 던지는 한 긴장을 늦추지 않을 수 있을 것이다. 보잉의 필립 콘디트 회장은 언제나 그런 질문을 잊지 않는 사람임에 틀림없다. 케이블 방송을 보다가 평사원 출신으로 정상에 우뚝 선 그의 인터뷰를 본 적이 있다. 그는 "감정적으로나 재정적으로 언제든 이곳을 떠날 수 있어야 한다는 게 내 경영철학입니다"라고 말했다.

하나의 프로젝트가 끝나면 새로운 프로젝트를 맡는 일이 18개월마다 한 번 꼴이었다는 그는 300명을 수용할 새로운 민항기가 필요하다는 확신을 갖고 상사를 찾아가 보잉777 프로젝트의 당위성을 역설한 적이 있었다. 상사는 이튿날 프로젝트를 맡아보라는 답을 주었지만 부사장직에서 한 단계 내려와 제너럴 매니저로서 프로젝트를 성사시켜야 한다는 조건이었다. 그는 개의치 않았고 기꺼이 프로젝트를 맡았다.

물론 그는 부사장에서 강등되면서까지 프로젝트를 맡는 게 아니라 부하직원에게 그 일을 위임하게 될 것으로 예상했었다. 사내에서는 강등된 그를 두고 "도대체 필립에게 무슨 일이 일어난 거야'라고 수군거렸다.

그러나 그는 이렇게 말했다.

"길을 가다보면 퇴보처럼 보이는 경우도 있습니다. 하지만 배우는 자세를 가져야 하며, 배우는 걸 멈추면 길은 없습니다. 그리고 어떤 상황에서든지 일을 즐길 수 있어야 합니다. 현재의 일이 다른 일을 하려는 모색이라면 결코 성공하지 못할 것입니다. 무엇보다 자신이 하는 일을 사랑해야 합니다. 그러면 다른 사람들도 따라오게 되어 있습니다. 내가 주변에서 본 훌륭한 사람들은 대부분 그랬습니다."

그는 조직이 자신에게 어떤 의미를 지니고 있는가를 정확히 알고 있었음에 틀림없다. 그는 조직의 요구란 변화하게 마련이고, 이런 요구에 대해 스스로 부단히 변화하며 무언가 가치 있는 것을 제공할 수 있느냐의 여부가 직업인으로서의 운명이 결정된다는 사실을 잘 알고 있었다.

조직을 이끌고 가는 사람들은 공통적으로 경험하는 일이겠지만, 비즈니스 영역 자체는 계속 변화한다. 한치 앞을 내다보기 힘든 것이 시장에 속한 조직들의 상황이다. 경영자조차 앞으로 어떤 일들이 일어날지 알 수 없다. 어떤 일이 일어날지 모르는 사람이 무엇을 보장해 주겠는가? 특히 고용 안정과 관련해서는 더욱 그렇다.

마스시타 고노스케의 에세이 『해야 할 일은 해야 한다』에는 이런 내용이 있다.

무슨 일이 일어날지 알 수 없다. 오른쪽을 보고 왼쪽을 보고, 위를 보고 아래를 보고, 주의에 주의를 거듭해도 무슨 일이 일어날지 알 수 없다. 그것이 인생이며, 세상이다. 하물며 요즘처럼 변화의 속도가 빠르고 세상이 복잡하게 얽혀 있을 땐 전혀 예상하지 못한 곳에서 예상하지 못한 일이 생긴다.

무슨 일이 일어날지 알 수 없다.

일단 그만큼의 각오를, 마음의 준비를 해야 한다.

오늘은 어제의 연속이고, 내일은 오늘의 연속이다.

매일 아무 일 없이 흘러간다는 보장은 없다.

환경이 변화함에 따라 조직이 구성원들에게 요구하는 사항도 달라진다. 문제는 모든 사람이 이런 요구를 받아들이지는 않는다는 점이다. 조직을 이끄는 사람들이 곤혹스러워하는 문제 가운데 하나가 사업이 예상할 수 없는 방향으로 변화해 나갈 때, 적응에 실패하는 구성원들이 나온다는 사실이다.

기업은 그나마 나은 편이지만, 연구소 같은 조직에서는 비일비재하게 일어나는 일이다. 아무래도 공부를 하는 사람들은 사기업에 근무하는 사람들에 비해 세상의 변화에 대한 적응력이 떨어지는 경우가 많다.

조직은 바뀌는데 사람은 쉽게 바뀌지 않는다. 이럴 때 조직을 책임지고 있는 사람들은 어떻게 해야 하는가? 과거의 업적이나 인간관계로 미루어보면 적응하지 못하는 인재와도 당연히 함께

가야 한다.

하지만 언제까지나 그가 조직의 새로운 요구에 적응하기를 거다릴 수는 없다. 계속 대응하지 못하면 종국에는 내보낼 수밖에 없다.

그럼에도 불구하고 조직 구성원들은 자발적인 변화의 의지와 열의가 부족한 경우가 많다. 끊임없이 변하는 조직의 요구가 지극히 당연한 일이라고 생각하면 누구든 스스로를 좀더 개선하고 바꿔나갈 수 있다. 변화를 필수가 아니라 선택 정도로 생각하기 때문에 문제가 발생하는 것이다. 모든 일은 생각하기에 달렸다는 점은 여기서도 예외가 아니다.

기업 임직원들을 대상으로 강연을 할 때, 나는 늘 절박한 심정으로 스스로를 변화시키는 노력을 해야 한다고 강조한다. 과거에 비해 위기의식을 더 느끼기는 해도 절박하게 여기거나 구체적으로 조직과 시장의 요구에 응할 수 있는 대비를 다부지게 해나가는 사람들은 흔하지 않기 때문이다.

요즘 같은 흐름에서는 누구라도 조직과 함께할 수 있는 기간이라고 해봐야 잘하면 50대 중·후반까지다. 공기업이라면 10여 년 정도 더 늘어나기는 해도 평균수명이 증가하는 추세를 미루어보면 정말 만만찮은 이야기다.

40대나 50대에 자의 반 타의 반으로 조직에서 물러났을 때, 할 만한 일이 없다는 것은 가장으로서뿐만 아니라 한 개인으로서, 그리고 직업인으로서 엄청난 자기반성이 필요한 부분이다. 세상의 흐름은 어느 날 갑작스럽게 뒤바뀌는 것이 아니라 이미 누누히 예견되어 왔기 때문이다.

경영자 역시 인간이다. 그들의 행동 동기를 정확하게 이해해 두는 일이 필요하다. 날로 치열해지는 경쟁 환경 속에서 경영자가 동원할 수 있는 자원은 한정되어 있다. 경영이란 본래 주어진 자원에서 자원 안배의 최적화를 향해 일종의 게임을 하는 일이다. 그런 자원 가운데 제 역할을 다하지 못하는 자원이 있다면 한두 번 정도는 인내할 수 있어도 언제까지나 그런 상태를 지속할 수는 없다.

자신을 고용하고 있는 자의 입장에서 사물을 바라보기 시작하면 의외로 쉽게 문제 해결책을 구할 수 있다. 요구를 만족시키든지 떠나든지 둘 중의 하나인 것이다. 그 조직과 계약을 맺고 일을 하게 된 이상, 조직의 요구를 만족시킬 수도 있어야 한다. 그리고 이를 만족시키지 못하면 당당하게 떠날 수 있어야 한다. 이런 삶의 방식을 지닌 사람들이야말로 진정한 프로페셔널이다.

조직생활을 하면서 매사를 인간 중심으로 바라보는 이들이 있다. 사람 사는 곳이라면 학연, 혈연, 지연 등으로 친소(親疎)관계가 만들어지게 마련이다. 이를 패거리문화라고 비난하기도 하지만 인간이기에 가깝고 먼 관계가 생기는 것을 완벽하게 피할 수는 없다. 문제는 이런 관계에 의지하고 이용하려는 사람들이 있다는 점이다.

조직에서 지나치게 관계망에 의존하는 사람은 실력과 인간관계 사이에서 균형을 유지하기 힘들다. 그들의 경우 자원 안배의 우선순위는 항상 인간관계다. 그러나 자신이 관계를 맺고 있는 사람들이 항상 승승장구할 수는 없으며 세월이 흐르고 이런저런 변화에 따라 관계망이 와해될 수도 있다. 이때 오도 가도 못하는 위치에 처하게 되는 경우는 드물지 않다.

인간관계란 덧없는 것일 수 있다. 다른 이들과 좋은 관계를 유지하는 일은 중요하고 필요하지만 자신의 소중한 자원을 인간관계에 지나치게 많이 배분하면 자신도 모르는 사이 '낙동강 오리알'의 신세가 될 수도 있다. 어떤 조직에서든 사람들은 끊임없이 오고 가며, 인간관계 역시 그 가운데 만들어지기도 하고 사라지기도 하기 때문이다.

궁극적으로 자신을 지켜줄 수 있는 것은 변화하는 조직의 요구에 맞추어 자신이 제공할 수 있는 것을 변화시켜 나가는 일뿐이다. 따라서 직업세계에서 활동하는 사람이라면 누구든 '조직의 요구는 늘 변화한다'는 생각으로 단단히 무장하고 있어야 한다. 그런 생각을 바탕에 두고 자신이 가진 시간과 에너지를 적절히 배분할 수 있어야 한다. 조직 내에서의 인간관계란 이런 조건들이 만족되고 난 다음의 일이다.

이 조직에서 저 조직으로 혹은 이 업종에서 저 업종으로 옮겨 다녀본 사람들은 잘 안다. 사람 사이의 관계란 것이 이해관계에 따라 모였다가 흩어지는 것임을.

마지막까지 나와 함께할 수 있는 것은 오직 나의 머리와 몸

안에 들어 있는 지식과 정보, 경험이다. 그리고 계속 변화해 가는 조직의 요구를 스스로 만족시킬 수 있느냐 하는 냉정한 사실이다.

23

조직은
소유 관계가
분명하다

부자의 생각

나는 오너가 아니다. 조직에 큰 기대를 갖는 대신 나의 미래에 투자한다.

- -

빈자의 생각

내가 그동안 해준 게 얼마인데? 나는 더 많은 권한을 가져야 한다.

- -

기업은 누구의 것인가? 기업은 주주의 것이다. 이를 두고 '주주 자본주의'라고 하는 사람도 있다. 실제로 경영권 행사에서 큰 영향력을 발휘하는 사람은 다수의 주주가 아니라 소수의 지배 주주이다.

창업 단계를 거쳐서 코스닥에 상장한 기업들에게서 관찰되는 현상 가운데 하나는 공헌도를 두고 창업 공신들과 지배 주주 사이에 갈등이 일어나는 것이다. 지배 주주가 창업에 따른 혜택, 이를테면 상장에 따른 주가 상승분을 대부분 가져가버리는 것을 두고 미묘한 갈등관계가 조성되는 경우가 적지 않다. 이런 문제를 해소하고 임직원들의 사기를 높이기 위해 일부 기업은 스톡옵션 제도를 실시하기도 하고 지배 주주가 갖고 있던 주식 가운데 일부를 임직원들에게 내놓기도 한다.

자발적 거래의 일종이기 때문에 옳고 그름을 언급할 필요는 없지만, 군이 따지자면 기업의 창업부터 자본을 투자하고 리스크를 감당하지 않은 사람은 고용된 자의 위치에서 크게 벗어날 수 없다. 정액의 봉급과 보너스 같은 성과급 이상을 요구할 수 있는 권리가 없다고 보면 된다.

다만 기업은 뛰어난 인재를 유치하기 위해 지분 참여에 대한 별도의 권리를 약속할 수 있다. 요즘은 일부 대기업이 중심이 되어 엔지니어들에 대한 스톡옵션 제도를 실시하고 있는데, 이와 반대로 어떤 기업들은 조직 내에 미치는 부정적인 영향 때문에 스톡옵션 제도를 취소하기도 한다.

어떤 선택이 더 나은지 정확히 파악할 길은 없다. 다만 분명한 사실은 기업은 오너십이 대단히 명확하다는 점이다. 주식을 가진 자와 그렇지 못한 자 사이에는 엄격한 구분이 있다.

물론 미래에는 오너십의 구조가 크게 바뀔 것으로 보는 사람도 있다. 특별한 기술이나 지식을 가진 사람들의 중요성이 더해지면서 고용 계약만으로는 그들의 머릿속에 들어 있는 아이디어나 지식, 기술을 넘겨받기 힘들 것이라는 점이 지적되기도 한다. 그 결과 아이디어 같은 무형 자산을 소유한 사람들이 기업의 법적 소유주인 주주와 대등한 권리를 갖게 될 것으로 내다보는 사람도 있다. 이 같은 미래 전망에 손을 들어주는 사람으로 『코끼리와 벼룩』의 저자 찰스 핸디를 들 수 있다. 그는 자신의 저서에서 다음과 같이 설명하고 있다.

앞으로는 주주가 회사를 소유한다는 신화가 사라질 것이라고 나는 짐작한다. 주주는 임대료 소유자 같은 성격으로서 자신의 돈에 대한 임대료만 요구할 수 있을 뿐이다. 하지만 주주는 채무 불이행의 경우를 제외하고 회사를 판매하거나 폐쇄할 권리는 없는 것이다. 주주는 돈을 내놓고, 다른 사람은 시간·기술·아이디어·경험을 제공한다. 이런 것들도 주주의 투자자금 못지않게 각종 임대료를 받을 수 있는 것이다. 이제 회사는 그 누구의 단독 소유도 될 수 없다. 아이디어를 제품으로 바꾸는 사람들의 집단(회사)이 누군가가 임의로 소유할 수 있는 재산이라는 생각은 낡아빠진 생각이다.

찰스 핸디의 전망은 이미 어느 정도 실현되고 있다. 탁월한 경영자뿐 아니라 특별한 지식을 가진 엔지니어나 마케팅 전문가 등은 과거와 비교할 수 없을 정도의 대우를 받고 있으며, 이 같은 추세는 점점 확산되어 가고 있다. 그러나 이런 현상이 누구나 느낄 정도로 확산되는 데는 꽤 오랜 시간이 걸릴 것이다. 주주의 영향력은 상대적으로 점점 줄어들겠지만 여전히 '돈이 말한다(Money Talks)'는 원칙이 바뀌지는 않을 것이다. 돈은 권력 그 자체이기 때문이다.

경영에 직접 참여하는 지배 주주나 일종의 에이전트인 전문경영인은 인사권을 소유하고 있다. 변함없는 갑의 위치인 것이다. 임직원 중에도 상당한 협상력을 소유한 경우는 어느 정도 발언권을 가질 수 있지만 대다수는 갑의 처분에 좌우될 수밖에 없다. 찰스 핸디의 주장처럼 아이디어를 가진 사람들이 이익 배분 권한에 참여하는 비중이 늘어난다 해도 일종의 권력 체제라는 조직의 속성은 변할 수 없다.

기업은 본래 지시와 통제로 이루어진다. 다수의 사람들로 이루어진 조직이라면 누군가는 지시나 통제할 수 있는 권한을 갖고 있을 수밖에 없다. 세월이 흘러도 기업은 상급자나 중앙 통제 조직 없이는 움직일 수 없다. 반면 또 하나의 자원 배분 축인 시장에서는 자율적인 거래를 통해 조정이 이루어진다.

이런 속성까지 변할 수는 없는 일이다. 지시나 통제를 할 수 있는 권한은 인사권과 경영상의 의사결정에 대한 최종 판단의 모습으로 나타나게 된다.

서구에 비해 자본주의 역사가 짧고 혈연에 의한 지속성이 중시되는 한국의 경우, 앞으로도 상당 기간 동안 기업경영은 가족 지배적인 속성을 벗어날 수 없을 것이다. 대기업에서는 경영자가 거의 인사의 전권을 갖는다. 최측근이니 실세니 하는 사람들도 한순간 오너의 명령에 따라 옷을 벗어야 한다. 이것이 오너와 전문경영인의 차이라고 할 수 있다.

아무리 강한 대통령의 권력이라 해도 임기가 절반쯤 지나고 나면 벌써 권력 누수 운운하며 호들갑을 떠는 게 세상사지만, 고객을 지속적으로 만족시켜야 하는 조건 속에서도 지배 주주가 갖는 권한은 대단하다. 해당 조직과 관련된 누구든지 옷을 벗길 수 있는 힘이 있기 때문이다.

조직에 몸담고 있는 사람이라면 자신의 직분과 상관없이 오너십에 대해 생각을 정리해 둘 필요가 있다. 한마디로 호가호위(狐假虎威)할 필요가 없다는 점이다. 애초에 오너 같은 소유권을 갖고 있지 않은 한, 여우가 호랑이의 위세를 빌려 다른 짐승 위에

군림하듯 남의 권세를 빌려 위세를 부릴 필요가 없다는 말이다.

　기업은 오너십 관계가 명확하다는 생각을 늘 갖고 있어야 한다. 이럴 때 스스로 분수를 지키고, 한 걸음 더 나아가 자기 자신만의 미래 준비에 부단한 노력을 기울일 강력한 동기를 얻는다. 진짜 힘을 갖고 싶다면 오너가 되든지 아니면 스스로의 한계를 알고 그 안에서 살아남는 법을 배워야 한다.

24

기업도
상품이다

조직의 성쇠를 다룬 숱한 책들 가운데 『기업의 수명은 30년이다』라는 책이 있다. 책의 내용 중 일본기업 100년사에서 얻어진 결론은 다음과 같았다.

《니케이 비즈니스》가 나카무라 세이시 교수의 협력을 얻어 정리한 '일본의 100대 기업'의 과거 100년간의 변천을 살펴보면 (중략) 1896년과 1911년에는 총자산으로, 1923년, 1933년, 1943년, 1950년, 1960년, 1972년, 1982년의 경우 매출(수입)을 기준으로 각각 상위 100백사를 산출한 결과는 무엇일까?

놀랍게도 위의 9개 기간에 연속해서 상위 100대 기업에 이름을 올릴 수 있었던 것은 딱 한 개 기업, 오지[王子]제지뿐이었다. 기업은 영원히 번영을 계속할 수 없음을 이 사실이 단적으로 말해 주고 있다. (중략) 9개 기간 중 순위에 등장한 기업의 합계는 모두 413개사, 그 가운데 한 번만 이름이 올라간 기업은 194개사나 된다. 두 번만 올라간 기업이 73개사, 세 번 이름 올라간 기업이 54개사. 전체의 80% 가까운 기업이 순위 밖으로 탈락, 흡수 합병 혹은 도산해 30년 이내에 그 이름이 없어져버린 것이다. 여기에서도 다시 기업이 번영을 최고로 유지한 기간은 고작 30년 정도라고 말할 수 있다.

'잘나가는' 대기업이라 해도 평균수명이 30년이 채 되지 않는다는 말이다. 1993년에 펴낸 졸저 『한국기업흥망사』에서 한국기업들의 흥망성쇠를 다루었는데, 1965년 매출액 순위 50대 기업 중에서 1991년까지 50위권에 머물고 있는 기업은 5개에 불과했다.

예를 들어 금융·보험업의 경우 1965년 상위 8개사였던 동방생명·교보생명·대한생명·한일은행·상업은행·조흥은행·제일은행·국민은행 가운데 동방생명과 교보생명이 오너십에 변화가 없었고, 나머지는 합병 대상이 되거나 외자계기업들로 넘어갔다. 국민은행이 민영화를 거쳐 이름을 유지할 수 있었던 정도다.

모든 조직은 부침을 거듭한다. 그러나 앞으로는 지금까지보다 훨씬 큰 변화가 있을 것으로 보인다. 그나마 대기업의 경우는 조금 나을 수 있지만, 중소 중견기업은 부침이 더욱 심해질 것이다. 제품의 라이프 사이클이 점점 짧아지고, 상위사 중심으로 업계가 재편되고, 글로벌화의 파고가 높아지면서 이런 추세는 피할 수 없을 것이다. 매수·합병이 과거와 비교할 수 없는 속도로 진행되는 한편 글로벌 경쟁력을 갖춘 굴지의 기업들은 비교적 안정적인 지위를 누릴 것으로 전망된다.

외환위기 이전만 해도 보통 사람들은 기업을 상품처럼 사고파는 일을 쉽게 받아들일 수 없었다. 그러나 주주 자본주의가 자리를 잡아가면서 '상품 가치'처럼 '기업 가치'라는 용어가 자연스럽게 쓰이게 되었고, 합병이 빈번하게 일어나면서 '기업도 상품이다'라는 생각이 자리를 잡게 되었다.

그렇다면 기업 소유주들의 생각은 어떨까? 지배 주주의 위치에 있는 사람들은 사업 전망이나 일신상의 이유로 기업을 쪼개 팔 수도 있고 통째로 넘겨버릴 수도 있다. 이런 행동에 대해 사회적인 저항도 없어졌다. 그야말로 기업운영은 지배 주주 개인의 선호에 달려 있다. 가업으로 물려받은 경우라면 영속성에 대한 책임이 있겠지만, 스스로 창업한 경우는 다양한 입장을 취하게 된다.

자식보다도 기업에 가치를 부여할 정도로 애정이 있는 경우는 과거의 기업주들처럼 기업과 끝까지 운명을 같이할 것이다. 그러나 어느 정도 궤도에 오른 다음 프리미엄을 받고 기업을 넘겨 버리는 일에 대해 스스로나 사회가 용인하는 분위기는 곧 자리를 잡을 전망이다. 외환위기 이후 기업의 구조조정이나 벤처 붐이 이 같은 추세에 큰 역할을 했다. 기업을 세우고 궤도에 올릴 만큼 시간을 기다릴 수 없기 때문에 기업을 사는 사람들은 점차 늘어날 것이다.

기업 소유주들은 생각은 이렇게 바뀌었다. 그렇다면 임직원들도 생각을 바꿔야 한다. 내가 몸담고 있는 기업도 오너십이 바뀔 수 있다. 고위직이 아닌 한 오너십이 바뀐다 해도 큰 변화는 없을 테지만 외자계기업으로 넘어가 버리면 문제는 달라진다. 예를 들어 미국계나 중국계 자본이 기업을 인수하는 경우를 가정해 보자. 우선 외국어를 구사해야 한다는 불편함이 있을 것이다. 그런 문제를 극복할 수 있다면 장기적으로 선택의 자유가 넓어지겠지만, 당장은 불편한 일이다.

직장생활을 하는 사람들은 이런 변화에 대비할 책임이 있다. 또한 기업을 사고파는 일은 항상 구조조정과 맞물려 일어난다. 공적 성격의 기업인 경우 매수·합병을 둘러싸고 심한 홍역을 앓곤 한다. 갈등의 중심에는 '동등한 합병' 같은 수사가 등장하는데, 실상 현실에서는 통하지 않는 수사다.

매수·합병에는 주체가 있고 객체가 있게 마련이다. 주체는 객체에 대해 사업이나 인력의 구조조정을 단행할 수 있는 자격을 갖는 것이다. 대규모 매수·합병과 함께 인력 구조조정이 일어나는 경우 노동조합은 격렬하게 저항한다. 구조조정 대상자의 사정은 가슴 아픈 일이 아닐 수 없지만, 법적으로나 이론적으로 이를 막을 만한 방법은 없다.

기업은 상품이다. 이런 생각이 필요한 이유는 내가 몸담고 있는 조직이 언제까지나 현재의 경영진이나 오너십으로 유지되라는 보장은 결코 없기 때문이다. 이런 변화의 세상 속에서는 내가 몸담고 있는 조직도 언제든지 상품처럼 팔릴 수 있음을 잊지 말아야 한다.

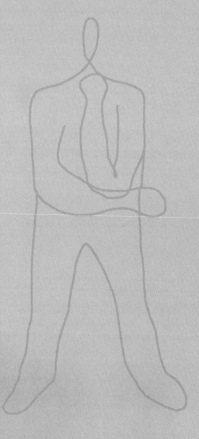

4장

가정에
대하여

25

가정도
경영해야 한다

'모든 것은 경영으로 간다(Road to Management).' 앞으로 펼쳐질 시대를 상징하는 문장이다. 기업만이 경영 대상이었던 시대는 가고 공공기관이나 비영리단체도 경영의 대상이라는 사실을 많은 사람들이 받아들이기 시작했다. 그러나 가정까지 경영의 대상이 되어야 한다는 주장을 기꺼이 받아들일 사람은 많지 않을 것 같다.

기업은 이익 추구라는 목적에 동의하는 사람들이 자발적으로 만든 이익공동체다. 따라서 모든 기업은 최소한의 자원으로 최대한의 효과를 거두기 위해 노력하며, 이를 위해 경영이 필요하다. 가정 역시 기업처럼 가능한 한 적은 비용으로 최대한의 효과를 내기 위해 노력한다. 물론 가정이 추구하는 목적은 이윤이 아니라 성공이나 행복, 육아나 안정감 등 기업보다는 다양하다. 하지만 가정도 기업처럼 '자발적인' 사람들의 모임이라는 성격을 갖고 있고, 수입과 지출 사이에 균형을 맞추면서 추구하는 목적이 있다.

나는 오래 전부터 기업경영의 많은 부분이 가정에도 적용될 수 있다는 사실을 믿고 이를 적극적으로 실천에 옮겨왔다. 나름의 성과도 거두었다. 재정적 안정을 위해 계획적으로 살고, 투자를 행하며, 중·장기 계획을 갖고 자식을 키우고, 스스로의 핵심 역량을 키우기 위해 준비하고, 가족 구성원들 모두 각자의 자리를 찾아 행복하게 생활할 수 있도록 이끈다는 점에서 가정경영은 기업경영과 다르지 않다.

기업에는 돈을 버는 부서가 있고 돈을 쓰는 부서가 있다. 가정도 마찬가지다. 맞벌이를 하는 경우라면 부부는 돈을 버는 구성원이고 자녀는 장성해 스스로 생계를 해결할 수 있을 때까지 돈을 쓰는 구성원이 된다. 또한 자녀는 미래를 위한 일종의 투자에 해당한다. 기업이 설비 투자나 연구개발 투자를 통해 미래를 대비하듯 가정은 교육을 통해서 자녀와 가정의 미래를 대비하는 셈이다. 투자 없이는 기업의 미래가 없듯이, 가정 역시 교육 투자 없이는 밝은 미래를 맞기 힘들다.

요즘이야 웬만하면 다들 대학까지 교육을 시키려고 하지만 6, 70년대만 해도 생활수준이 비슷한 중에서도 교육과 아이들의 미래를 어떻게 생각하느냐에 따라 교육 투자를 하는 정도가 달랐다. 논밭을 팔아 자식 교육에 심혈을 기울이는 부모가 있는한편, 중·고교만 나오면 되지 재산을 축내면서까지 무리하게 공부시킬 필요가 없다고 생각하는 부모도 있었다.

이 같은 결정은 기업이 멀리 내다보고 내리는 투자 결정과 비슷하다. 자녀에게 어떤 공부를 시키고 어떤 직업을 갖게 할 것인가의 문제도 어떤 사업을 하고 어떤 아이템을 선택할 것인가 하는 기업의 문제와 다를 바 없다.

부모가 교육을 받을 수 있는 기회를 제공해 주지 않았다면 지금쯤 나는 어떻게 살아가고 있을까 하는 생각을 자주 해본다. 부가 인간의 두뇌에서 나오는 시대를 살아가면서 돌아가신 부모가 내린 투자 결정에 대해 고마움을 느낄 때가 많다.

이따금 예술가들의 어린 시절에 대해 들을 때가 있다. 예술가로서 입지를 굳히는 데 성공한 사람들은 대개 어렵고 험한 길을 적극적으로 지원해 준 부모에 대해 감사한다.

한편 남보다 일찍 시대의 흐름을 읽고 자녀에게 최고의 교육 기회를 제공한 부모들을 만날 때면 미래를 바라보는 그들의 통찰력에 놀라게 된다. 그들의 기대대로 전문가로 성장해 전 세계를 상대로 활약하는 자녀들을 보면, 그들을 현명한 투자가라고 생각하지 않을 수 없다.

가정을 이끄는 최고경영자는 아버지가 될 수도 있고 어머니가 될 수도 있다. 또한 어떤 일로 돈을 벌지는 결국 시간과 자신이 가진 다른 자원을 투입하는 활동에 의해 결정된다. 아무리 열심히 해도 수익이 나지 않는 부분에 시간과 자원을 투입할 수도 있고, 적게 일하고 많이 거둬들이는 분야에 시간과 자원을 투입할 수도 있다.

어느 정도의 시간과 자원을 투입할지 결정하는 일은 가정의 최고경영자와 그 구성원들 간의 합의를 필요로 하며, 목적 달성을 위해 자원 배분의 효율성을 극대화하는 일련의 활동이 경영이다. 따라서 가정도 경영이 필요하다.

기업에서처럼 가정 역시 경영에 실패할 수 있다. 오랫동안 동고동락해 온 구성원들이 떠나는 것은 어떤 이유든 경영에 실패한 것이다. 기업처럼 다른 사람을 받아들일 수도 있겠지만, 기업으로 따지면 가족 구성원들 한 명 한 명은 핵심 인재 그 이상이다. 기업의 최고경영자는 핵심 인재를 유치하기 위해 엄청난 노력을 기울인다. 그러나 정작 가정은 핵심 인재에 대해 상응하는 대우를 하지 않는다. 조금 소홀해도 당연하게 여기는 경향이 있다.

이런 과정에서 가정에 균열이 생기는 것이다. 얼마 전 〈성공한 벤처 CEO 잇단 이혼, 왜?〉라는 기사를 관심 있게 읽은 적이 있다.

우리사회의 경우 기업의 최고경영자(CEO)들이 이혼한 경우는 거의 없었다고 해도 과언이 아니다. 실제로 재계나 벤처업계의 주요 CEO들 중에 이혼한 이를 찾아보기 힘들고 어쩌다 들리는 CEO들의 이혼은 커다란 뉴스거리가 되어온 것이 사실이다. 결혼한 커플 세 쌍 중 한 쌍이 이혼한다는 최근의 통계에 비추어봐도 확실히 우리사회의 CEO들은 '이혼의 무풍지대'에서 살아왔다. 이혼한 이들은 '무언가 문제가 있는 사람'으로 치부하는 우리사회의 통념으로 인해 많은 CEO들이 가정에 여러 가지 문제가 있음에도 '돈의 힘'으로 이를 억누르고 살아왔다고 해도 결코 지나친 말이 아니다.

그런데 최근의 추세는 우리사회의 이런 풍토가 바뀌고 있다는 신호탄처럼 읽혀진다. 즉 이제는 더 이상 사업에서의 성공이나 돈, 명예가 가정의 평화를 가져다 주지 못하게 됐으며, 부인들도 더 이상 '음지의 조력자'이기를 거부하고 있다는 것이다.

－《이코노믹 리뷰》 2005. 9. 21

기업과 마찬가지로 가정을 구성하는 사람들도 공동의 목적을 함께 추구할 수 없다면 떠날 수 있다. 그럼에도 불구하고 최선은 즐겁고 유쾌하게 오래도록 함께하는 것이며, 차선은 서로 맞추기 위해 노력하며 사는 것이다. 그러기 위해서는 기업에서 핵심 인재를 대하듯 가정의 핵심 인재를 대하는 노력을 해야 한다.

가정도 경영해야 한다는 생각을 갖고 가정의 크고 작은 문제를 대해보라. 당신의 가정 또한 좋은 가정을 넘어 위대한 가정으로 만들지 못할 이유가 전혀 없다.

26

가족을
고객처럼 생각하라

나는 가족들을 위해 무엇을 해줄 수 있을 것인가?

나는 가족으로부터 무엇을 얻을 수 있을 것인가?

가정을 경영한다고 했을 때, 배우자와 자녀를 어떻게 생각하면 될까? 한마디로 무엇과도 대체할 수 없는 매우 귀한 고객, 즉 VVIP(Very Very Important Person)로 생각하면 된다. 그들을 귀하게 대하고, 그들이 자신을 소중한 사람으로 느끼도록 도와주면 된다. 다음의 인용문에서 '아이들'을 '가족 구성원들'로 바꾸어 읽어보라. 그리고 그동안 나는 어떻게 해왔고 지금 어떻게 하고 있는지를 생각해 보라.

고객을 대하는 기술을 아이들에게 적용하라는 것은 아이들을 고객처럼 대하라는 뜻이다. 당신이 고객을 대할 때를 생각해 보라. 당신은 평소 다른 사람을 대할 때와는 뭔가 다르게 고객을 대할 것이다. 마치 그들이 원하는 모든 것을 다 해주기라도 할 것처럼 말이다. 고객을 대하는 그런 자세가 옳다고 생각하듯이 우리가 아이들을 고객처럼 여길 수 있는 방법은 무엇일까?

우리가 고객을 친절과 봉사로 대하는 것은 그것이 일이기 때문이다. 냉소적으로 들릴지도 모르지만, 고객은 우리가 그렇게 대할 때 우리를 더 좋게 평가하고 더 자주 방문하고, 물건도 구입하게 된다.

(중략) 그렇다면 기업이 성장하는 것처럼 아이들도 성장할 수 있지 않을까?

—로스 제이, 『최고로 만드는 CEO식 자녀 교육』

높은 자리에 오를수록 대접받는 일에 익숙해진다. 그런 사람에게는 대부분의 시간을 보내는 조직이나 사회에서 모두가 떠받들어 주고 복종해 주기 때문이다. 이런 경우, 집에 돌아와서도 몸에 밴 습관대로 대접만 받으려 할 수 있다. 한마디로 자기 중심적이고 고압적인 분위기를 가정에서까지 드러내는 것이다. 이런 가정은 경제적인 풍요로움과 관계없이 분위기가 가라앉고 가족 구성원들 사이에는 냉기가 흐른다.

성취지향적인 사람들의 경우 특별한 노력을 기울이지 않으면 생활의 균형을 유지하기 어렵다. 모든 것이 일 중심으로 돌아가기 때문에 자칫 일이 다른 모든 활동을 압도할 수 있기 때문이다. 하지만 세월이 갈수록 높은 지위나 세속적인 의미의 성공이 반드시 가정의 행복과 연결되지는 않는다는 사실을 알게 된다. 아무리 물질적인 풍요를 이루고 도달하고 싶은 지위에 오른다 해도, 가족 구성원들에 대한 관점을 정립하지 않으면 직업에서의 성공에 걸맞는 만큼 가정에서 성공을 거두기 어렵다.

우리는 고객들을 얼마나 지극정성으로 모시는가? 고객을 왕처럼 대하라는 것은 모든 비즈니스의 성공 원칙이다. 그러나 가족 구성원들을 이렇게 대하지 않는 까닭은 그들은 당연히 주어진 존재로 생각하기 때문이다. 당신이 남편이라면 아내를 매우 중요한 고객으로 생각하고 그렇게 대해보라. 물론 사업에서 성공하기 위해 고객에게 얼마나 많은 가치를 제공할 수 있을지 고심하듯 할 필요까지는 없다. 그저 '내가 그녀에게 해줄 수 있는 게 무엇일까?' 하고 생각해 보라.

당신은 그런 생각을 할 정도로 한가한 사람이 아니라고 생각하는가? 그러나 시간 단위당 투자수익률을 따져보자. 약간의 시간을 투자해 아내에게 가치를 제공한다면, 그것은 몇십 배 혹은 몇백 배의 투자승수로 돌아온다. 건성으로 지내는 부부보다 공동의 목적을 향해 서로 격려하고 머리를 맞대며 전진할 수 있는 부부라면 세상의 어떤 것으로도 대체할 수 없는 행복을 느낄 수 있다.

자녀도 마찬가지다. 자녀는 늘 어리고 부모의 명령에 따라야 하는 존재라는 생각을 버리자. 자녀가 자존감을 갖고 자기 행동에 책임을 질 수 있는 성인이 되는 데 부모의 역할은 절대적이다. 부모가 믿는 대로 행동하는 게 아이들이다. 분주한 생활 속에서도 '내가 아이에게 무엇을 해줄 수 있을까?'를 늘 생각해야 한다.

나는 강연에서 가끔 참석자들에게 간단한 습관 하나를 가져보라고 권한다. 사업을 위해 매일 사용하는 사업일지나 플래너에 오늘 내가 배우자에게 해줄 수 있는 일은 무엇인지, 자녀에게 해줄 것은 무엇인지 한두 개 정도를 매일 적어 실천하는 것이다.

일단 이런 생각을 하는 것만으로도 가족을 대하는 당신의 태도는 변화한다.

가족 구성원들을 고객으로! 이것은 의무감으로 시작되지만 하나하나 쌓이면서 생활의 일부분으로 자리를 잡게 되며, 잔잔한 기쁨을 느낄 수 있는 단계까지 발전시킬 수 있다면 당신은 정말 멋진 행복주식회사의 CEO가 될 수 있을 것이다.

좋은 아내와 좋은 의복은 남자를 자신감 있게 만든다는 격언이 있다. 아내 역시 사랑받고 배려받아야 자신감을 갖고 살아갈 수 있다. 특히 아내는 아이들의 성장에 결정적인 영향을 미친다. 자존감을 가진 아내가 자녀에게도 자존감을 심어줄 수 있다. 결혼생활에서 아내가 자긍심을 갖도록 하는 일은 남편의 역할이며, 마찬가지로 남편이 자신감을 갖고 이 험난한 세상을 살아갈 수 있도록 격려하는 일은 아내의 역할이다.

자신을 정중하게 대하는 부모를 둔 아이들은 세상을 긍정적으로 보고 스스로에 대한 확신을 갖고 살아가게 된다. 한국의 교육 제도나 사회는 자존감이나 자신감을 심어주는 데 그다지 성과를 내지 못하고 있다. 모든 것이 성적 중심으로 돌아가기 때문에 부모의 특별한 노력이 없는 한 아이들은 자존감은 고사하고 억눌린 듯한 기분을 안고 평생을 살아갈지도 모른다.

얼마 전 30대 직장인인 H씨가 개인적인 고민을 털어놓았다. 직장에서 프리젠테이션을 할 때마다 남들이 느낄 정도로 떠는데, 아무리 노력해도 고쳐지지 않는다고 했다. 심호흡도 해보고

'나는 할 수 있다'는 다짐도 반복해 보았지만 매번 쥐구멍에라도 들어가고 싶을 만큼 프리젠테이션을 망친다는 것이었다.

그의 문제는 단순히 프리젠테이션 기술의 부족이 아니라 자존감의 부족에서 오는 현상이다. 단기적으로는 테크닉을 배워야겠지만 중·장기적으로는 자신감을 축적하는 방법을 익혀야 한다. 유년기부터 H씨의 아버지가 이런 말을 해주었다면 어땠을까.

"네가 성적이 좋건 나쁘건 너는 이 세상 누구와도 바꿀 수 없는 유일무이한 존재란다. 그러니 넌 스스로가 얼마나 귀한 존재인지를 잊지 말고 그렇게 생활해야 한다."

중요한 점은, 공부를 잘 하든 일을 잘 하든 그것은 자존감을 갖는 데 필수적인 조건은 아니라는 사실이다.

나는 아내와 아이들이 자존감을 갖고 살기를 원한다. 당신도 마찬가지일 것이다. 가족 구성원들을 중요한 고객으로 생각하고 행동에 옮기는 일은 가족들이 평생 당당하게 살아갈 수 있도록 기초를 마련해 주는 일이다. 물론 스스로를 돕는 일이기도 하다.

짐 콜린스의 책을 읽다가, 성공이란 "세월이 갈수록 가족과 나의 곁에 있는 사람들이 나를 더욱 좋아하게 되는 것"이라는 저자의 말에 크게 동감했었다.

가정을 행복주식회사로 만드는 가장 큰 책임은 가장에게 있다. 조직에서 더 많은 성취를 이루는 일은 가정의 행복에도 중요하지만 그것만이 전부는 아니다. 행복주식회사의 구성원들 역시 당신의 배려와 보살핌, 관심을 받아야 할 대상이다.

27

훌륭한 부모는
만들어진다

좋은 부모 되기도 학습과 같아서 배워야 한다.

아이를 키우게 되면 부모의 역할은 저절로 알게 된다.

부모 노릇을 처음부터 잘 하도록 타고난 사람은 없다. 체계적으로 가르칠 수 있는 사람도 드물고 배울 수 있는 곳도 흔치 않다. 마치 공부처럼, 좋은 부모 되는 방법을 체계적으로 배울 수만 있다면 사람들은 비용과 시간을 아끼지 않을 것이다.

제대로 된 자녀 교육 프로그램이 개발되면 좋겠지만, 그동안 이런 프로그램들이 성공하지 못했던 까닭은 부모들이 만족할 만큼 가르쳐주지 못한 까닭이 아닐까. 좋은 부모 되기는 그만큼 어려운 주제다.

자녀를 키우다 보면 부모 세대가 자신에게 한 실수를 그대로 반복하게 되기도 한다. 배울 수 없기에 할 수 있는 일은 경험에 의존하는 방법뿐인데, 대부분의 부모는 첫째 자녀를 키우면서 범한 실수를 둘째에게 하지 않는 것으로 만족하거나 지인들의 경험담을 참고하는 정도다. 그러나 각자가 처한 상황이 다르기 때문에 참고사항일 뿐 그대로 적용되기는 어렵다.

지방의 중소도시에 병원을 개업하고 있는 M씨는 경제적으로는 탄탄한 기반을 잡았다. 그러나 중학교 2년생과 고등학교 1년생, 두 자녀를 키우는 문제는 영 자신 없어 한다.

"그동안 아이를 키우는 문제에 너무 신경을 못 쓴 것 같습니다. 아이 문제는 늘 우선순위 밖이었거든요. 후회막급입니다만 어떻게 해야 부모 노릇을 제대로 하는 것인지 도대체 알 수가 없습니다."

나 역시 훌륭한 부모 되는 방법에 대해 배워본 적이 없다. 다른 사람들처럼 내 부모가 어떻게 했던가를 떠올리는 정도였다. 하지만 일찍부터 좋은 부모가 되고 싶다는 욕심을 가졌던 것은 확실하다. 직업세계에서의 성공은 절반의 성공에 불과하지만 좋은 가정을 이루고 좋은 부모가 될 수 있다면 그것은 완전한 성공이라는 생각이 늘 있었다. 성공한 이들의 자서전을 읽어도 부모에 대한 부분은 더 유심히 확인했고 교훈이 될 만한 대목이 있으면 얼른 내 것으로 만들었다. 세상에 이름을 떨친 사람이라고 해서 자식 농사에도 성공하는 것은 아니라는 사실도 알았다.

마하트마 간디는 비폭력과 불복종 사상으로 수많은 사람들을 감동시키고 그들을 설득하는 데 성공했다. 하지만 큰아들 할리랄은 일찍부터 아버지와 등을 돌린 채 이 사업 저 사업 손을 대다가 모두 실패했다. 할리랄은 장례식에도 참석하지 않을 만큼 아버지와 소원했고, 그 역시 아버지가 죽은 지 6개월 후 뭄바이의 요양소에서 폐결핵으로 쓸쓸한 죽음을 맞는다. 큰아들뿐만 아니라 간디의 세 아이들은 정식 교육을 받지 못했다. 간디는 자신의 『간디자서전』에서 이렇게 고백하고 있다.

세 아이들은 내가 남아프리카에서 사티아그라하운동을 하는 사람들의 자녀를 위해 시작했던 학교에서 정규 교육을 좀 받아본 외에는 한 번도 학교에 다녀본 일이 없었다. 이 모든 실험들은 다 불충분한 것들이었다. 나는 그들을 위해 내가 해주고 싶은 만큼 많은 시간을 바칠 수가 없었다. 그들을 충분히 보살펴줄 능력이 내게 부족하기도 했고 다른 불가피한 원인도 있고 해서 내가 원하는 것만큼 학문적인 교육을 시키지 못했다. 그 점에 대해 아이들은 모두 내게 불평을 갖고 있었다. 그들은 언제나 학사, 석사, 심지어는 고등학교 졸업생만 만나도 자신이 학교 교육을 받지 못했기 때문에 뒤처진다고 느끼는 듯했다.

간디는 아이들에게 정규 교육을 시키지 않았다는 점이 문제될 게 없으며 큰아들 할리랄의 바람직하지 못한 생활은 교육의 문제가 아니라 자신과 마찬가지로 젊은 날의 방황에 불과하다고 항변했지만, 왜 자녀를 교육시키지 않느냐는 질문을 받을 때마다 곤혹스러운 마음뿐이었다고 회고한다.

내가 아이들에게 학문적인 교육을 시켰다 해도 무엇이 잘못인가? 내가 그들의 날개를 잘라버릴 무슨 권리를 가졌단 말인가. 그들이 학위를 따고 자기 길을 자기가 택하겠다는데 내가 왜 막아서 방해를 하는가?

공적인 일에 지나치게 바쁜 나머지 자식 교육은 아내에게만 넘겨버리거나 좋은 부모가 되려면 어떻게 해야 하는지 별반 관심이 없는 사람이라면 귀담아들어야 할 대목이다.

에디슨 역시 자신이 초등학교를 반년도 다니지 않았고 16세에 결혼한 첫 아내 역시 정규 교육을 좋아하지 않았기 때문에 아이들을 제대로 교육시키지 않았다. 훗날 그 일은 에디슨에게 큰 부담으로 돌아온다. 두 아들 모두 거듭 사업에 실패하고 평생 동안 아버지의 도움에 의지해 근근이 생활했던 것이다. 『위대한 남자들도 자식 때문에 울었다』의 저자 모리시타 겐지는 이렇게 지적한다.

탁월한 재능과 불굴의 의지로 20세기의 거대한 문명을 활짝 열어젖힌 에디슨. 그는 어쩌면 신이 모든 인간에게 자신과 같은 재능과 의지를 부여했다고 믿었는지 모른다. 산이 높으면 골이 깊다고 했던가. 아버지의 기대를 배반한 토머스 주니어와 윌리엄의 삶은 에디슨이라는 '거대한 산' 뒤에 드리운 깊은 골짜기였다.

가을이 넉넉하게 느껴지는 토요일 오후, 매우 적극적으로 활동하는 외자계기업의 한 임원을 만났다. 그녀는 딸의 교육 문제를 두고 고심하고 있었다.

"남편은 딸아이가 대학 입학 전에 유학을 가는 데 완강하게 반대합니다. 한국 사람은 한국 사람답게 커야 한다는 주장이지요. 딸아이는 진심으로 원하는데 아버지는 절대로 안 된다고 하니 우리 집은 요즘 냉전중입니다."

그녀의 남편은 자신의 방식대로 자녀를 이끌고 진로를 결정해주는 주관이 강한 사람이다. 그의 의견이 올바를 수도 있고, 틀릴 수도 있다. 다만 분명한 사실은 아이들에게는 아이들의 세상이 있다는 점이다. 그 세상이 어떤 세상이 될지는 아무도 알 수 없지만, 아이들 세상에 맞추어 미래의 기회를 제공하는 일이 부모의 임무라고 생각한다.

한편으로는 그가 자녀 교육에 대해 판단하기 전에 관련 서적들을 읽고, 주변의 의견을 구하고, 생각을 정리할 수 있는 충분한 기회가 있었는지 궁금하다. 즉 제대로 된 부모가 되기 위해 노력한 다음에 내린 결론인지 아니면 자신이 갖고 있던 기존의 생각에 바탕을 두고 내린 결론인지 묻지 않을 수 없는 것이다.

위대한 인물이었던 간디나 에디슨 역시 자신의 편견으로부터 자유롭지 못했고, 제대로 된 부모는 태어나는 게 아니라 노력의 결과라는 사실을 심각하게 생각하지 않았다.

좋은 부모란 제대로 부모 역할을 하기 위한 배움을 사소하게 여기지 않는 부모일 것이다. 재산을 일구는 일이든, 건강을 유지하는 일이든, 노후를 준비하는 일이든, 자녀에게 교육을 시키는 일이든 항상 미래를 위해 투자한다는 생각을 가지고 적극적으로 임하는 부모가 훌륭한 부모라고 생각한다. 특히 자녀를 키우는 입장에서는 쉬지 않고 배우며 미래를 생각하고 판단하는 일은 무척 중요하다.

내가 아버지로부터 배운 교훈은 자신이 현재 어떤 상황에 놓여 있든 자녀에게 좀더 나은 삶을 물려주기 위해 최선을 다해야 한다는 점이다. 다음 세대를 위해 헌신하는 부모상을 물려주었다는 사실만으로도 나는 부모로부터 큰 선물을 받았다고 생각한다. 결혼을 앞두고 있던 바바라 부시에게 아버지 마빈 피어스가 주었던 교훈은 이러했다.

"부모가 자식에게 줄 수 있는 것은 오직 세 가지뿐이야. 가능한 최고의 교육을 시켜주는 게 첫째고, 좋은 귀감이 되는 게 둘째, 자식에게 무한한 사랑을 베푸는 것이 마지막 셋째란다."

훌륭한 부모의 조건에 대해 정곡을 찌른 조언이라고 할 수 있다. 좋은 교육, 귀감 그리고 사랑보다 귀한 것이 더 있을까. 굳이 이 가운데 가장 중요한 것이 무엇이냐고 묻는다면, 나는 주저하지 않고 가능한 최고의 교육이라고 말하고 싶다. 그리고 그런 기회를 주기 위해 더 헌신적이고 열정적으로 살아가야 하는 것이 부모라고 생각한다. 여기에 자긍심을 갖도록 돕는 일, 좋은 습관을 가질 수 있도록 이끄는 일, 자신의 언행에 책임지는 사람이 되도록 가르치는 일을 덧붙이고 싶다.

재력이 생기면서 가정을 등한시해 버리는 경우를 볼 때가 있다. 더 높은 자리가 무엇인지 자녀는 늘 우선순위 밖인 경우도 있다. 그러나 입신출세와 자녀를 제대로 키우고 가정을 화목하게 이끌어가는 것은 동전의 양면 같은 게 아니다. 각각은 별도의 프로젝트이기 때문에, 하나를 잘 하는 만큼 정성을 들여 다른 하나에 신경을 쓰지 않으면 언제든지 실패할 수 있다.

처음부터 훌륭한 부모로 태어나는 사람은 없다. 따라서 훌륭한 부모가 되기 위해 훈련해야 한다는 점은 아무리 강조해도 지나치지 않다.

28

가정도
변화해야 한다

가정 역시 변화하는 조직이다. 시대와 사회의 변화에 맞춰 변신해야 한다.

가정은 변하지 않으며 변해서도 안 된다.

자녀를 모두 떠나보낸 후 우울증을 앓던 중년의 여인이 있었다. '빈둥지증후군(Empty Nest Syndrome)'으로 세상만사를 비관적으로 보고, 급기야는 다른 가족들까지 고통을 받는 심각한 지경에 이르렀다.

태풍이 물러가고 하늘이 맑게 갠 어느 날이었다. 그녀는 평소처럼 집 근처 해안가를 거닐고 있었다. 그리고 세월에 닦여 평평해진 돌 하나를 주웠다.

아름다운 돌을 하나둘 주워 모으다 보니 시간이 꽤 흘렀다. 그러던 어느 날 돌 위에 무언가 그려보면 어떨까 하는 생각이 떠올랐다. 그녀는 쓰다 남은 매니큐어를 이용해 돌 위에 그림을 그리기 시작했다. 어린 시절 친척들로부터 그림 잘 그린다는 칭찬을 들었던 기억을 어렴풋이 떠올리며 그녀는 돌 그림 그리기로 하루하루를 보냈다. 꽃·사람·풍경·동물 등 그림의 소재는 점점 늘어났고, 누가 봐도 아름다운 돌들이 집안 곳곳을 장식하게 되었다.

아주 오랜만에 그녀는 몰입이란 무엇인지 행복이란 어떤 것인지를 느꼈다. 언제 우울증을 앓았나 싶게 마음의 평화도 되찾았다. 아내가 스스로 중심을 잡기 시작하자 남편도 그녀를 돕기 위해 더욱 노력하게 되었다.

어느 저녁, 밥상을 물리고 무심코 텔레비전 채널을 돌리다가 눈길이 간 프로그램에서 본 내용이다. 나는 자녀들이 떠나고 난 후의 허전함 때문에 고통을 겪는 여성들을 여러 번 보았다. 그때마다 그냥 그러려니 하고 넘겨버리기엔 너무 심각해 놀라움을 금치 못했었다.

못 쓰는 매니큐어로 곱게 그린 돌 그림들을 보면서 여러 가지 생각이 들었다. 그녀 자신 외에 과연 누가 그녀를 도울 수 있었을까? 우울증 치료제도, 남편도, 자녀들도 그녀를 구할 수 없었다. 마음의 병을 치유하는 데 물론 약물이 도움을 줄 수 있지만 궁극적인 해결책은 스스로 찾아내야 한다.

환경이 바뀌면 조직이 변화해야 하듯 가정 역시 변화해야 한다. 세월의 흐름과 함께 스스로의 역할을 새롭게 정의하고 변화한 상황에 맞게 행동해야 한다. 아이들이 집에서 북적거릴 때와 아이들이 저마다의 길을 찾아 떠나갔을 때, 그리고 직장에 다닐 때와 직장에서 물러났을 때는 부부관계도 예전과는 달라진다. 그리고 그리운 옛 시절은 기억 속에서는 가능해도 다시는 돌아오지 않는다.

결혼·출산·육아·교육·자녀의 결혼·퇴직·노후라는 환경의 변화는 부부 모두에게 변화를 요구한다. 물론 서로 격려하고 도와줄 수 있지만, 변화를 주도하는 사람은 결국 나 자신이다. 누구도 그런 변화를 대신해 줄 수 없다.

최근 자녀의 교육 때문에 오랫동안 헤어져 지내는 부부들도 늘어나고 있다. 기러기 아빠 현상, 그것이 옳은가 그른가의 문제는 제3자가 쉽게 평가할 수 있는 일은 아니다. 문제는 헤어져 있는 기간 동안 가정불화가 일어나기도 하고 홀로 남은 가장이 외로움으로 힘들어하기도 한다는 점이다.

기러기 아빠들의 정신적인 방황에도 정신과의사들은 빈둥지 증후군이라는 용어를 사용한다. 전문가들에 의하면 자녀들을 떠나보냈을 때 어머니보다 아버지가 더 큰 심리적 어려움을 겪는다고 한다. 남성의 빈둥지증후군이 겉으로 드러나는 것보다 훨씬 증세가 심각하다는 이야기이다.

대범하게 보이고 어떤 어려움이든 헤쳐나갈 수 있는 것처럼 보이는 남성들이 오히려 가족의 울타리를 벗어나면 더 의기소침해진다. 개인적인 경험으로 봐도 그렇다.

여성은 일찍부터 다양한 역할을 체험할 기회가 있다. 자녀를 키우고 남편을 외조하면서도 직장생활을 척척 해나가는 여성들을 볼 때마다 참으로 대단하다는 생각이 든다. 한마디로 우생학적으로 여성은 남성보다 환경에 대한 적응력이 뛰어나다고 볼 수 있다.

스웨덴의 우메오대학이 68만 200명을 조사한 결과에 의하면, 결혼한 남성이 가족과 떨어져 살 경우 가족과 함께 사는 경우보다 사망률이 훨씬 높았다. 자살률은 2.3배나 높았고 알코올 및 약물 중독에 의한 사망률은 4.7배, 일반 사망 1.9배, 심장질환 사망은 1.7배가 높았다.

힐러리 로댐 클린턴의 『살아있는 역사』에는 외동딸 첼시가 스탠퍼드대학에 입학하고 난 다음 생활에서 일어난 변화를 그린 대목이 나온다. 분주한 일정을 매일 소화해 내야 하는 대통령 부부 역시 보통의 부모처럼 가정의 환경이 변함에 다라 스스로를 추스르고 새로운 변신을 해야 하는 것이다.

나는 1999년 10월에 50세가 되었다. 규정집에서는 이것이 어려운 고비라고 씌어 있지만, 첼시 없이 사는 것에 비하면 그것도 하찮게 느껴졌다. 크리스마스 시즌을 앞두고 나의 일상은 밤낮없이 회의와 행사로 꽉 차 있었지만, 첼시의 침실에서 들려오는 음악 소리나 일광욕실에서 피자를 먹으며 떠들어대는 첼시 친구들의 키득거리는 웃음소리가 없는 백악관이 황량한 불모지처럼 느껴지는 데는 놀라지 않을 수 없었다. 첼시가 중앙 복도를 발끝으로 빙글빙글 돌면서 내려오던 모습이 그리웠다. 이따금 나는 빌이 첼시의 침실에 우두커니 앉아서 생각에 잠긴 얼굴로 방을 둘러보는 것을 발견하곤 했다.

나는 남편과 내가 진부한 표현이기는 하지만 빈둥지증후군에 걸린 것을 인정할 수밖에 없었다. 자녀가 집을 떠나는 것은 인생에서 획기적인 사건이다. 남의 이목에 신경을 쓰는 우리 연령층에 속하는 사람들만이 그것을 '증후군'으로 규정할 것이다. 우리는 이제 단 둘이 빈둥지를 지키고 있었다. 밖에 외출하거나 친구들과 어울릴 때는 더 자유로움을 느꼈지만, 조용한 집으로 돌아오는 일은 신경에 거슬렸다. 둥지를 다시 채울 필요가 있었다. 개를 키워야 할 때였다.

한번도 경험해 보지 못한 변화가 오면, 남성은 큰 타격을 입는다. 정년은 날로 짧아지고 있고 그럼에도 불구하고 수명은 아주 길어지는 시대가 되었다. 회사를 떠나면 과거와 비교할 수 없을 정도로 긴 시간을 보내야 하는 게 앞으로 우리가 걸어가야 할 길이다.

그렇다면 딱 한 단어를 가슴 깊이 받아들이면 된다. 그것은 '끝없는 변화'다. 살아있는 모든 것은 변화하는 것이 이치다. 또한 가정 역시 끊임없이 변화해 가는 하나의 조직이다. 그 점을 자신의 삶 속에 깊숙이 스며들도록 만들면 된다. 변화하는 환경에 따른 자신의 역할을 어떻게 받아들이고 실천에 옮길 수 있느냐는 전적으로 나 자신의 문제다.

29

좋은 가정은 현명한 배우자 선택에서 시작된다

부자의 생각

결혼은 서로 맞는 사람끼리 해야 한다.

빈자의 생각

서로 맞춰가며 사는 게 결혼이다. 안 맞을 땐 바꾸면 된다.

어쩌면 이 글은 결혼하기 직전의 독자들에게 적합한지도 모르겠다. 이미 결혼한 사람들에겐 흥미가 떨어지는 부분일 수도 있다. 그러나 가정에 대한 생각에 배우자 선택이라는 중요한 부분이 들어가지 않을 수는 없다.

　흔히 부부는 인연이 닿아서 만나게 된다고 한다. 사실 많고 많은 사람들 가운데 어떻게 이 사람과 만나게 되었는지 신기할 만큼 배우자와의 만남에는 우연적인 요소도 많다. 그래서 흔히 부부의 인연을 인간의 힘으로는 어찌할 수 없는 '운명'이나 '숙명'이라고 부르나 보다. 하지만 역시 배우자를 만나는 일은 상당 부분 의도적인 그리고 의식적인 선택의 결과다.

　숙명이든 선택의 결과이든, 한 인간이 세상에 나와서 좋은 사람을 만나 오랫동안 함께할 수 있다는 건 커다란 행운이자 축복이다. 그런데 배우자 선택이란 젊은 날에 이루어지는 일이다. 젊은 날에는 감성이 풍부하고 무엇이든 속단할 수 있는 때라, 결혼이라는 중요한 결정이 현명함만으로 이루어지지는 않는다.

　턱없이 맞지 않는 배우자를 선택한 결과 오랫동안 그 비용을 톡톡히 지불하는 경우가 많다. 이런 경우, 헤어지는 과정에서 우리는 서양보다 높은 감정적 비용을 지불하게 된다. 서양은 계약을 바탕으로 하는 사회이기 때문에 부부관계 역시 만남과 헤어짐이 상대적으로 수월하게 이루어진다.

그러나 우리의 경우 젊은 부부들조차 깔끔하게 정리하고 좋은 친구로 남는 경우는 드물다. 다시는 보지 않을 사람처럼 감정을 상하면서 헤어지거나, 이혼 후 정신적 상처에 시달리는 것은 젊은 세대도 마찬가지인 듯하다.

성격이나 여타의 조건이 도저히 맞지 않는 사람과 계속 살아야 하는지 자문을 구하는 동년배들을 만날 때가 있다. 물리적인 공간은 함께 사용하지만 대화는 거의 없는 부부를 만날 때도 있고, 각방을 사용한 지 오래지만 남들의 눈이나 아이들 때문에 그냥 살아가는 부부를 볼 때도 있다.

결혼생활에 대한 조언이란 잘해야 본전이기 때문에 대답은 조심스러울 수밖에 없지만, 여기서는 솔직히 말하기로 한다.

부부관계란 다양한 종류의 계약 가운데 가장 장기간에 걸친 계약관계다. '계약'이라는 단어가 거부감을 줄 수도 있지만 결혼이 조금은 특별한 계약관계라는 사실은 변함이 없다. 막상 부부관계가 악화되면 결혼이란 정말 '계약'이라는 사실을 뼈저리게 느끼게 된다.

언젠가 10년쯤 연배가 높은 분과 대화를 나누다가 부부 사이에 돈을 다루는 방법에 대한 이야기가 나왔다. 그는 아내에게 일정한 생활비를 지불하고, 특별한 경우에는 보너스의 형식으로 돈을 주는 습관을 오랫동안 유지해 왔다. 그리고 그런 습관은 반드시 필요하며 매우 중요한 일이라고 생각하고 있었다. 각자의 주머니를 관리하지 않는 사람들을 볼 때마다 그는 어김없이 충고를 한다.

그 충고의 핵심은, 세월이 가면 아내가 점점 힘이 세지고, 그것은 삶의 여러 부분에 걸쳐서 이루어지기 때문에 일정 부분 독립채산제를 유지할 필요가 있다는 것이다. 속도 없이 모든 것을 아내에게 맡겨놓고 다니는 사람에게 꼭 한마디를 하는 그가 바라보는 부부관계란 장기간에 걸친 특별한 계약관계일 것이다. 다만 말로써 표현하지 않을 뿐이다.

계약관계는 얼마든지 해지될 수 있다. 이혼은 날로 증가하고 있으며, 인간이라는 종에서 여성은 풍부한 경제적 자원을 갖고 사회적 지위가 높은 남성을 선호하도록 진화되어 왔다. 앞으로도 계속 이혼이 증가한다면 아마도 세속적인 기준에서 성공을 거둔 남성들은 더욱더 젊은 배우자를 만나는 추세가 될 것이다. 세상 기준으로 턱없이 나이 차이가 나는 배우자와 또다른 결혼을 시작하는 현상도 좋고 나쁨을 떠나 하나의 사회 현상이 될 것이다. 전통적으로 좋은 결혼에 대한 정의는 변해가고 있으며 사람들은 이를 자연스럽게 받아들일 수밖에 없을 것 같다.

이런 추세에도 불구하고 결혼에 대한 나의 생각은 간단명료하다. 배우자를 만나 세월을 함께하는 일이 서로에 대한 투자라면, 새로운 배우자를 만나 새로운 투자를 하기보다는 한 배우자와 장기적인 관계를 맺는 편이 낫다. 자녀를 양육하고 그들의 삶을 개척해 주는 데도 훨씬 도움이 된다.

IBM의 창업자 토머스 왓슨은 젊은 날 주위에서 자신이 어느 정도 성장할지 예상하지 못하고 지나치게 일찍 배우자를 선택해 결혼생활과 경력을 망가뜨리는 사람들을 목격하게 된다. 그래서 그는 배우자를 고르는 작업을 의식적으로 천천히 진행했다. 그는 아들에게도 배우자를 성급하게 결정하지 말 것을 권한다. 자신이 성장하는 것에 걸맞는 배우자를 고를 때 결혼생활을 오랫동안 영위할 수 있다는 믿음 때문이다. IBM의 후계자 토머스 왓슨 주니어는 자서전 『거인의 신념』에 이렇게 기록하고 있다.

정작 아버지 자신은 결혼을 미루었는데, 아버지의 설명에 의하면 성공한 사람들이 장래에 대해 깊이 생각해 보지 않고 결혼했다가 아내가 남편의 출세에 보조를 맞춰 따라가지 못함으로써 부담스러워하고 후회하는 것을 많이 보아왔기 때문이라는 것이다.

발명왕 에디슨은 결혼을 서둘렀고 자신의 세계를 이해하지 못하는 어린 신부를 구한 까닭에 평생 동안 비용을 지불한 대표적인 인물이다. 서로의 세계를 전혀 이해하지 못했던 까닭에 어린 신부는 알코올에 빠지게 되고 정신장애를 앓다가 29세의 나이로 사망했다. 그리고 그녀와의 사이에서 난 아이들은 에디슨의 인생에 멍에를 남겼다.

에디슨은 재혼에 성공하지만 첫번째 아내와의 사이에서 얻은 두 아들을 죽는 날까지 뒷바라지하게 된다. 둘째아들 윌리엄의 처는 매달 40달러씩 생활비를 보내주는 시아버지에게 "우리는 '금세기 가장 위대한 분'의 자식입니다. 그런데 어찌 일주일에 40달러로 살라 하십니까?"라고 반문했다는 유명한 일화가 있다.

젊은 날 배우자의 선택은 좋은 가정을 이루기 위한 일생의 가장 큰 투자다. 특별한 경우가 아니면 사람의 기본적인 성향이나 품성은 변하지 않는다. '결혼해서 하나씩 고쳐가면서 살 수 있다'는 표현처럼 위험한 말도 드물다. 따라서 처음부터 충분히 맞는 짝을 구할 수 있어야 한다.

벤저민 프랭클린은 자서전에서 "성공하려면 아내를 잘 두어야 한다"고 말한다. 물론 아내도 남편을 잘 두어야 한다. 좋은 가정은 현명한 배우자 선택에서 출발한다.

30

홀로서기부터 가르쳐라

기업에는 문화라는 것이 있다. 말이나 글로 드러내서 벽에 걸어두지 않더라도 기업을 지배하는 묵시적인 가치나 규율을 기업문화라고 한다. 기업에 기업문화가 있다면 가정에는 가풍이 있다. 가정은 기업과 달리 소규모의 구성원들로 이루어지기 때문에 또렷한 가치나 규율을 만들어 구성원들과 공유할 수 있다.

기업이 기업문화를 만드는 데 많은 시간과 비용, 노력이 들어가는 까닭은 일단 구성원 숫자가 많고 그들의 생각이나 행동을 일일이 확인할 수 없기 때문이다. 그러나 가정은 다르다. 가장이 가풍의 중요성을 깊이 인식한다면 바람직한 방향으로 가정을 이끌어갈 수 있다.

세상에서 가장 중요한 가치가 무엇이냐는 질문에 어떤 답을 할 수 있을까? 머릿속에 떠오르는 보통명사들을 나열해 보라. 정직·성실·신의·노력·배려·사랑 등 다양한 단어들이 등장할 것이다. 만일 같은 질문이 주어진다면 나는 다른 단어들을 제쳐두고 맨 앞에 '홀로서기'를 두겠다.

가족 구성원들이 서로 사랑하고 격려하는 일도 중요하지만,

그 모든 것의 바탕에는 다른 사람에게 의존하지 않고 자신의 삶을 개척해 나가는 태도가 있어야 한다.

심리적으로, 정서적으로, 경제적으로 독립된 인간이 되는 일은 매우 중요하다. 홀로 설 수 있어야 험한 세상을 살아가면서 맞닥뜨리는 역경과 고난도 기꺼이 받아들일 수 있고, 결국은 여유와 풍요로움을 얻을 수도 있다. 그리고 독립된 인간만이 기꺼이 타인에 대한 배려나 사랑, 기부나 자선을 할 수 있다.

홀로서기는 모든 것의 출발점이다. 《조선일보》에서 푸르덴셜 생명 황우진 사장의 자녀 교육에 관한 인터뷰를 읽은 적이 있다. 이 인터뷰에는 '5-5법칙'이 나온다. 아이들에게 용돈 중에 절반은 무조건 저축하도록 가르치는 것이다.

황우진 사장이 스스로의 힘으로 어렵게 공부를 해오면서 일찍부터 체득한 사실은 '세상에 공짜는 없다'였다. 그는 "요즘 젊은 이들은 부모에게 손만 벌리면 모든 게 쉽게 해결된다고 생각하는 것 같다. 자녀를 자립심 있게 키우고 싶다면, 자녀에게 올바른 가치관과 돈 관리법을 꼭 가르쳐야 한다"고 강조한다.

사람마다 홀로서기를 가르치는 방법은 다를 것이다. 어떤 방법을 선택하든, 가족 구성원 모두가 홀로 서서 세상을 살아가는 법을 배울 수 있다면 이보다 훌륭한 일도 없을 것이다. 물론 이 모든 것은 가장의 솔선수범에서 나온다.

몸은 어른인데 의식은 의존적인 상태를 벗어나지 못하는 사람들을 드물지 않게 만나게 된다. 개인적인 성취라는 면뿐만 아니라 인간적인 면에서도 저렇게 살아서 되는지 의문스러울 때가 있다.

자녀를 그런 사람으로 만들지 않으려면, 어떤 경우에 처하든 강인한 정신력을 갖고 자기 앞에 주어진 문제들을 당당하게 헤쳐 나가는 행위 자체를 즐겁게 받아들일 수 있도록 가르쳐야 한다.

엠파스가 9,643명을 상대로 '한국사회에서 성공과 실패를 좌우하는 것이 무엇인가'라는 설문조사를 했다. 26%가 '부모의 재력'을, 8%가 '재능과 실력'을, 64%가 '인맥이나 좋은 배경'을 들었다. '개인의 능력과 지연 둘 다 중요하다'는 의견은 불과 7%였다. 젊은층이 다수일 네티즌의 이 같은 대답을 보면서 삶을 스스로 만들어간다는 생각을 가진 젊은이들이 적은 것 같아 무척 안타까웠다. 그러나 젊은이들뿐만 아니라 근래의 전반적인 한국사회 분위기와 크게 다르지 않은 조사 결과인 것만은 사실이다.

인맥이란 신기루와 같다. 인맥도 주고받을 수 있을 때만 존재한다. 자신이 줄 수 있는 것이 없을 때 연기처럼 사라져버리는 것이 인맥이며, 결국 믿을 수 있는 것은 자기 자신뿐이다. 부모의 재력이나 학벌 때문에 조금 앞서 출발할 수는 있지만, 그렇지 못한 경우라도 노력하면 얼마든지 상황을 개선시킬 수 있다. 그러나 그런 생각을 가진 사람은 소수에 불과하다. 한마디로 홀로서기와는 거리가 먼 생각을 가진 사람들이 많다.

어떤 교육기관에서도 홀로서기를 가르칠 수 없다. 가정에서 가르쳐주어야 하는 것이다. 남편이라면 아내에게, 아내라면 남편에게도 가르쳐야 한다. "우리 집사람은 아무것도 모르는데요" 같은 말은 자랑이 아니다. 알아야 할 것은 스스로 알 수 있어야 한다.

홀로서기를 가르칠 수 있는 한 가지 방법은 무엇보다 먼저 자긍심과 자신감을 심어주는 일이다. 자신감이란 축적해 가는 것이다. 자신감은 직업인으로서뿐만 아니라 한 인간으로서 정체성을 확보하고 당당하게 삶을 개척해 나가는 데 필수적인 덕목이다.

자긍심을 심어주는 가장 간단한 방법은 이야기를 들어주는 것이다. 경청해 주는 사람이 있을 때 스스로 의견을 개진하고 의견을 만들어내는 데 자부심을 느낄 수 있다. 따라서 가족간에 원활한 소통이 필요하고 경청하는 자세가 필요하다. 이럴 때 가족 구성원들은 각자 자신을 긍정적으로 바라볼 수 있게 된다. 물론 홀로서기는 이런 자신감에서 나온다.

5장

사회에
대하여

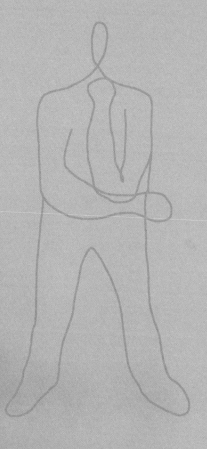

31

사회는
개인의 조합이다

부자의 생각

'나'가 모여서 집단이 된다.

빈자의 생각

집단 속에 '나'가 있다.

서울 한복판에서 쉬지 않고 오가는 사람과 자동차의 무리를 바라볼 때마다 어떻게 이 많은 사람들이 스스로 의식주 문제를 해결하며 살아갈 수 있을까 하는 생각을 하게 된다. 참으로 놀라운 일 아닌가. 이 복잡한 사회에도 보이지 않는 자연적 질서가 존재하는 것처럼 보인다.

생업을 일구면서 수입과 지출의 균형을 맞추어야 하는 사람들의 삶은 개인 중심적이다. 그러나 시민사회단체나 정치 분야에서 활동하는 사람들은 개인 중심의 사고와 행동으로는 좋은 성과를 거둘 수 없기 때문에 생존을 위해서라도 집단 중심 사고에 익숙해져야 한다. '사회적'이라는 단어를 좋아하는 사람들은 사회적 정의·사회적 형평·사회적 분배·사회적 시장경제 등 그 단어의 범위를 확대해 나가는데, 형식이 내용을 규정한다고 하듯 빈번하게 사용하다 보면 그 단어가 사유 체계를 강화하기도 한다.

개인 중심 사고에 익숙한 사람과 집단 중심 사고에 익숙한 사람은 근본적으로 사회에 대한 다른 가정을 두고 있다. 전자는 사회란 개인의 조합이라고 이해하고 후자는 사회를 집단의 조합으로 이해한다. 이 단순한 생각의 차이가 낳는 결과는 실로 대단하다. 각종 제도나 정책에 대한 선호도를 전혀 다르게 만들기 때문이다.

집단 중심 사고에 익숙한 사람들은 기득권이라는 단어도 자주 사용한다. 그들의 눈에 세상에는 기득권을 가진 자와 그렇지 못한 자가 있다. 그리고 기득권을 빼앗아 나누는 일을 정의로 확신한다. 이런 사람들이 정치권력을 갖거나 시민사회단체를 구성해 권력에 비견할 만한 영향력을 발휘하기 시작하면 이른바 '소득 이전 정책'들이 유행하게 된다.

이런 정책들이 끼치게 될 영향의 장단점을 면밀히 따질 수 있는 능력을 가진 사람들은 다수가 아니다. 따라서 다수결의 비극이 발생하며, 현명하지 못한 다수의 결정은 부메랑이 되어 다시 돌아온다.

정치가들 중에는 대중의 심리와 인간의 본성에 정통한 사람들이 있게 마련이다. 당신이 가난한 것은, 당신이 일자리를 잡지 못하는 것은, 당신이 불행하게 느끼는 것은 당신 자신 때문이 아니라 바로 저 집단 때문이라는 논리는 다수의 사람들에게 언제나 인기를 끈다.

인간의 본성에 대한 깊은 통찰과 이를 더 나은 상태로 끌어가려는 지적 투자가 병행되지 않는다면 자유민주주의 사회는 언제든 집단 중심의 정책을 펼치는 소수에 의해 조작될 수 있다.

집단 중심 사고는 본성에 호소하기 때문에 직관적이다. 큰 지적 투자를 하지 않더라도, 그다지 배움이 없어도, 자신을 깨우치기 위해 노력하지 않아도 누구나 본능은 갖고 있기 때문에 이런 주장은 금방 스며들 수 있다.

반면 개인 중심의 사고는 난해하다. 자신과 사회에 대한 이해를 높이기 위한 노력 없이는 깨우치기가 정말 힘들다. 혹자는 사회주의자가 되는 것은 순간의 선택이지만, 자유주의자가 되는 데는 오랜 시간이 걸린다고 말한다.

오늘날 한국사회의 방향은 상당 부분 개인 중심 사고 대 집단 중심 사고 사이의 갈등과 반목에 그 원인이 있다. 누가 헤게모니를 잡는가에 따라서 한국사회의 앞날은 크게 달라질 것이다. 집단 중심의 사고로는 다수가 여유 있는 삶을 누릴 가능성이 낮다. 기본적으로 더 나은 집단으로부터 소득을 이전하는 데만 관심을 갖기 때문이다.

문제는 처지가 나은 집단이라고 해서 당하고만 있지 않는다는 데 있다. 그들은 자위적 수단을 동원할 테고, 이 과정에서 투자는 침체되며 사회적인 부는 다른 나라로 이동하게 될 것이다.

기업이 흔히 범하는 실수 가운데 하나가 상대방에 대한 그른 가정이다. 갑이라는 기업이 어떤 선택을 할 때는 을이라는 기업이 살아 숨쉬는 적이라는 점을 가정해야 한다. 살아 숨쉬는 적은 갑의 선택이 효과를 거둘 수 없도록 대응할 수 있다. 그러나 똑똑한 사람들이 모여 있다는 대기업조차 상대방이 살아 숨쉬는 적이라는 사실을 망각할 때가 많다.

집단 중심 사고를 가진 사람들이 저지르는 실수도 이와 비슷하다. 소수의 창조적인 집단 혹은 이미 부를 소유한 집단을 지나치게 낭만적으로 가정한다. 부를 이전하는 정책을 실시하면 그들도 따를 수밖에 없으리라고 생각한다. 하지만 결코 그렇지 않다. 물론 처음 한두 번 정도는 제대로 대응하지 못할 수 있겠지만 그런 정책이 반복되면 자신이 가진 것을 빼앗기지 않기 위해 예방 조치를 취하게 된다.

개인 중심 사고에 익숙한 사람은 자신이 벼랑 끝에 홀로 서 있다고 생각한다. 모든 부는 그런 절박감이나 위기의식에서 나온다. 부를 만들어내는 것은 자신감의 게임의 산물이자 마음의 게임의 산물이다. 개인 중심 사고가 유행하지 않고서는 지속적으로 생활수준을 향상시킬 수 있는 부를 만들어낼 수 없다.

개인 역시 개인 중심 사고를 갖지 않고서는 부유하고 당당한 삶을 살아갈 수 없다. 이 점에 대해 경제학자 프리드리히 폰 하이에크는 자신의 명저 『자유헌정론』에서 이렇게 지적한다.

자신의 운명을 책임진다는 믿음은 성공한 자만의 것이라는 주장이 가끔 제기된다. 이 자체는 사람들은 자신이 성공했기 때문에 이런 믿음을 갖는다는 생각보다 더 못 받아들일 까닭이 없다. 그러나 내 생각에는 반대로 그런 믿음을 가졌기 때문에 성공하는 것 같다. 어떤 사람이 성취한 모든 것은 전적으로 그의 노력, 기술, 지성 때문이라는 확신은 잘못된 것이겠지만, 이런 확신은 그의 열정과 신중함에 대체로 긍정적인 효과를 줄 것이다.

성공한 사람의 밉살맞은 자존심이 간혹 참기 힘들고 남의 비위를 건드릴지라도, 성공이 전적으로 자신에게만 달려 있다는 믿음은 아마도 성공을 위한 가장 효율적인 동기 부여가 될 것이다. 반면 자신의 실패를 타인이나 환경 탓으로 돌릴수록 그는 더 의기소침해지고 비효율적으로 되기 쉽다.

사회를 바라볼 때 우리는 그것이 집단의 조합이 아니라 개인의 조합이라고 생각해야 한다. 그럴 때 비로소 절박한 심정으로 자기 인생을 책임져 나갈 수 있기 때문이다.

32

인센티브가 없는
사회는 퇴보한다

부자의 생각

실업자에게는 일자리를 만들어주어야 한다.

빈자의 생각

실업자에게는 실업수당을 주어야 한다.

인간은 한없이 게을러질 수도 있지만, 한없이 창조적이 될 수도 있다. 한마디로 충분히 가변적이다. 무엇이 이를 결정할까? 아마도 동기가 아닐까? 일해야 하는 이유나 일의 의미를 찾을 수 있을 때 사람은 열심히 일한다. 스스로 동기부여를 하는 사람도 있을 것이다. 하지만 대다수는 체제나 제도라는 조건을 크게 벗어나기 힘들다.

2005년 10월 3일자 《타임》은 〈유럽은 일을 하게 될까?〉라는 기사에 〈실업은 서유럽의 유행병 혹은 사치품이다. 그러나 글로벌 경제에서는 일에 대해 오랫동안 가져왔던 태도를 바꿔야만 한다〉는 부제로 흥미로운 사례를 소개하고 있다.

덴마크의 엘시노(Elsinore)라는 도시에서 싱글 맘의 아들로 성장한 피터 젠센은 17세 때 학교를 그만두었다. 특별한 계획을 갖고 있었던 것은 아니다. 그는 "나는 아무런 계획도 아무런 야망도 없었다." 하지만 덴마크 정부는 피터 젠센이 이런 방식으로 계속 살아가는 것을 허용하지 않았다.

사회보장 담당자는 피터 젠센을 직업훈련 프로그램에 등록시켰다. 의욕도 욕심도 없었던 그는 훈련을 받지 않았기 때문에 사회보장 담당자는 계속해서 다른 프로그램에 등록시켜야 했다. 그러나 훈련에 출석하지 않으면 정부 보조금을 받을 수 없도록 제도가 바뀌면서 그의 행동은 달라졌다. 그리고 매일 아침 엘시노의 직업 센터에 나오면 낙엽을 치우는 일부터 공공기관의 문을 닦는 일까지 하루의 일이 주어졌다.

당시를 회고하면서 피터 젠센은 "하루는 이곳에서 저곳으로 박스를 옮기고 또다른 날은 옮겨진 곳에서 박스를 다시 원래의 자리로 옮기는 일을 반복하면서 나 자신에게 종종 부끄러움을 느꼈다"고 말한다.

그러나 그는 이를 통해서 이렇게 살아서는 안 된다는 깨달음을 얻게 된다. 그는 마음을 바꾸고 1년 8개월 동안 녹을 방지하는 가게에서 풀타임으로 일했다. 그가 직업을 갖게 되자 정부는 가게 주인에게 처음 6개월치의 봉급을 보조금으로 지급했다.

이제 그는 정규직이 되기를 바라지만 설령 그렇게 안 된다 해도 그는 이미 근본적인 변화를 경험했다. 그는 "다시는 실업 상태에 놓이지 않을 것이다. 지금은 마치 진흙 구덩이에서 햇볕이 쨍쨍한 바깥으로 나온 기분이다"라고 말한다.

덴마크 정부가 게으른 젊은이들을 대상으로 실시하고 있는 이 같은 정책을 두고 노동시장 전문가인 퍼 콩소이 마덴은 '시실리안의 옵션(the Sicilian Option)'이라고 부른다. 자신이 내놓은 제안을 자신이 거절할 수 없다는 뜻이다. 노동시장에 관대한 태도를 유지해 왔던 유럽의 각국 정부가 속속 도입한 이런 정책들은 하나의 규범으로 자리를 잡아나가고 있다.

일하지 않아도 정부가 아무 조건 없이 먹여 살리는 제도가 계속되었다면, 피터 젠센은 영원히 자신을 망쳐버릴 수도 있었을 것이다. 스스로 무언가를 할 수 있다는 데서 오는 성취감도 느끼지 못했을 것이다. 물론 평생 정부 보조금에 의존해 살아감으로써 다른 사람들에게 더 많은 세금을 부담하도록 했을 것이고, 인간으로서의 자존감과 정체성을 얻기 어려웠을 것이다.

이 같은 사례가 주는 교훈은 인간에게는 인센티브 혹은 동기부여가 중요하다는 사실이다. 한 사회는 한없이 게으를 수 있는 동기를 유발할 수도 있고 한없이 부지런할 수 있는 동기를 유발할 수도 있다. 인센티브는 근로 의욕뿐 아니라 투자나 소비에도 큰 영향을 미친다. 이 같은 인센티브구조는 사회의 제도에 크게 영향을 받는다.

자신의 이익에 충실한 존재인 인간이기에, 투자가 사회적으로 좋은 일이라고 해서 투자를 하는 사람은 없다. 이익을 남길 수 있다고 판단할 때 투자하는 것이다. 이 점을 이해하면 얼마나 강력한 인센티브가 제공되느냐에 따라 한 사회의 투자나 소비, 근로의 수준이 결정된다는 사실을 알 수 있다.

이런 점은 과거를 해석할 때뿐 아니라 현재의 해결책을 구할 때, 또한 좀더 나은 미래를 구상할 때도 충분히 고려해야 할 부분이다.

오늘날 한국사회는 과거사 정리에 대한 이야기로 분분하다.

그러나 현재의 우리 문제에 대해서 그렇듯 준엄하게 비판하는 소리는 거의 들리지 않는다. 없어진 고궁을 새로 짓고 자랑스러운 역사를 강조하는 이야기는 많지만, 우리 자신에 대한 통렬한 반성은 찾아보기 힘들다. 나는 진정한 과거사 정리란 우리 내부의 문제를 객관적으로 비판하는 것에서 시작된다고 생각한다.

김용운 교수와 김용국 교수가 공동 집필한 『한강의 비극』을 읽다 보면 이런 자기비판에 대한 필요성을 절감하게 된다. 또한 조선 말기 가렴주구가 얼마나 심각했는지는 정약용의 『목민심서』 곳곳에 등장한다. 세금을 내지 못한 지아비의 생식기를 자르는 일부터 시작해 강아지나 절구통에까지 사람의 이름을 붙여 세금을 거둬들이고 세금을 내지 못한 백성들의 주리를 틀었던 시절이 조선조 말엽이었다. 저자들은 "조선의 부패가 일본의 침략을 불러일으킨 셈이다. 쇄국으로 외국의 눈을 피할 것만을 생각했을 뿐 내부에서의 자립과 자각이 없었던 것이다"고 안타까워하고 있다. 조선조 말엽에 백성들은 근면과 성실로 생업을 영위하면서 부를 축적해야 할 아무런 인센티브가 없는 구조에서 살고 있었다.

『한강의 비극』에는 《동경경제잡지》제 175호를 인용한 대목이 나온다.

조선 정부의 명령은 거의 무시되고 있으며, 백성의 소리는 정부에 도달되지 않고 있다. 백성은 조세의 무거움에 고생하고 있는데 정부는 수입이 적음을 걱정하고 있다. 왕에게는 위신이나 재정적 여유도 없다. 그 이유는 모두가 지방제도에 있다. 지방 장관은 백성과 중앙 정부 사이에서 모든 이익을 취한다. 정부의 수입은 일본 돈으로 300만 엔 정도이지만 백성이 바치는 액수는 그 10배가 될 것이다. 모두가 지방 장관과 아전의 호주머니로 들어간다. (중략) 전국 인구의 3분의 1은 양반이며 아무 수입이나 직업 없이 살아간다. (중략) 그러기에 애써 벼슬을 하려고 한다.

조선의 각 지방을 시찰한 일본인의 이 기록에는 개인에게 아무런 희망을 제공할 수 없었던 사회의 비극이 드러나 있다. 생업의 대가를 보호해 줄 수 없는 정부 밑에서 어느 누가 열심히 일을 할 수 있었겠는가?

우리는 과거로부터 많은 것을 배워야 한다. 통일 문제를 생각할 때도 그 중심에는 개인에게 인센티브를 제공할 수 있는 정부라는 개념이 들어가야 한다. 권력이 무력과 정보 통제를 무기로 보다 나은 삶을 누리려는 개인의 욕망을 무산시킬 때, 그런 국가는 이미 국가로서의 정당성을 상실한 폭력 집단에 다름 아닐 것이다.

개인이 삶의 수준을 개선하기 위해 노력할 때 이를 지원해 주지는 못할지라도 보호는 해주는 게 좋은 국가 혹은 좋은 정부다. 또한 사회의 활력은 국가가 더 많은 세금이나 준조세를 거두어 시혜를 베풀 때 생기는 게 아니라, 충분한 인센티브를 주어 개인이 선택할 수 있는 자유와 거래할 수 있는 자유가 확대될 때 생긴다.

33

사회의 활력은 번영에서 나온다

부자의 생각

가난한 사회는 행복할 수 없다. 성장이 중요하다.

빈자의 생각

가난한 사회도 행복할 수 있다. 분배가 중요하다.

가난은 무기력을 낳는다. 그리고 무기력은 또다른 빈곤을 낳는다. '어떻게 사는 것이 더 인간적인 삶인가?'라는 문제에 대해서 사람들은 저마다 다른 의견을 가질 수 있다. '소득이 낮아서 사는 게 조금 어려우면 어떤가. 그래도 오순도순 정으로 뭉쳐 살면 되지 않는가'라고 생각할 수도 있다. 그러나 대다수에게 가난이란 불편함을 의미한다. 가난은 인간의 존엄성에 커다란 상처를 남기기도 한다. 아무리 '나는 가난해도 괜찮아'라고 생각하는 사람도 불편함과 존엄성의 상처를 완전히 극복하기란 어려운 일이다.

넉넉하지 않은 가정에서 자란 사람들은 대부분 가난을 벗어나기를 열망한다. 불편함과 상처를 경험해 보았기 때문일 것이다.

오늘날 한국사회에서 자리를 잡은 나이 든 세대들이라면 혹독한 가난과 관련된 저마다의 아픈 추억을 갖고 있을 것이다. 그들에게 가난이란 이론적인 이야기가 아니라 자신들의 삶에 깊이 각인되어 있는 생생한 경험이다. 따라서 그들은 가난해서는 안된다는 신앙 같은 믿음을 갖고 자신의 상황을 개선하기 위해 정말 열심히 노력해 왔다.

비교적 젊은 나이에 기업의 경영자 자리에 오른 한 인물과 점심을 할 기회가 있었다. 남도의 중소도시 출신인 그는 얼마 전 고향에서 어머니가 보내주었다는 사진 두 장을 내게 보여주었다. 60년대 말엽, 초등학교를 다니던 그가 형과 함께 찍은 흑백 사진이었다. 소풍 때 찍은 사진 속 두 형제의 행색은 우리가 어떤 시대를 살아왔는지 증명해 주었다.

그 사진을 두고 우리는 옛 시절을 이야기했다. 신문지로 화장지를 사용하던 시절, 소풍이나 명절이 되어야 비로소 배부르게 먹을 수 있었던 시절. 그 시절을 떠올리니 우리가 현재 누리고 있는 삶의 수준을 너무 당연하게 여기고 있지는 않은가 하는 생각이 들었다.

오늘날 한국사회의 갈등에는 가난을 가혹하게 체험한 세대와 그렇지 않은 세대 사이의 차이도 있다. 이들은 한국이라는 공동체가 나아가야 할 방향에 대해서도 다른 의견을 보일 때가 많다. 나는 가난을 진하게 체험한 세대는 아니지만 일찍부터 아버지가 연근해 어업을 해왔기 때문에 아버지의 사업과 관련된 여러 사람들을 지켜볼 기회가 있었다. 어선을 타기 위해 선급금을 받고 오는 사람들은 대부분 가까운 지역의 농촌이나 섬 출신이었다.

이들에게서 가난에 대해 깊은 인상을 받았고, 가난하면 사람들이 어떻게 변해가는가, 어떻게 행동하는가, 어떤 불편함을 경험하는가 같은 부분에 대해 돈을 주고도 살 수 없는 중요한 경험을 하게 되었다. 그래서 어린 시절부터 가난해서는 안 된다는 생각을 갖게 되었는지 모른다.

성장하면서는 어떻게 하면 가난해지지 않을 수 있을지를 하나하나 깨우치게 되었다. 사회의 발전과 번영이라는 주제에 대해 심심찮게 책을 쓰고 강연을 하는 데는 이처럼 개인적인 체험이 바탕에 깔려 있다.

우연히 이우창(일명 우돌 박사) 씨의 블로그에서 쿠바 여행을 다녀온 간단한 감상문과 몇 장의 사진을 보았다. 한국에서 나서 자란 보통의 생활인에게 북한과 더불어 가장 오랫동안 사회주의를 고수하고 있는 쿠바라는 나라는 어떻게 보였을까 궁금해하면서.

관광지에서 조금만 떨어지니까 가난에 절은 냄새가 너무 강했습니다. 관광 다니면서 이런 모습을 본다는 것은 참으로 여러 가지를 생각하게 해줍니다. 일단 먹고살게 되어야지 민주니 인권이니 하는 얘기도 할 수 있는 게 아닐까 싶습니다.

내가 생각한 대로 쿠바는 여전히 가난했다.

한때 환경운동가였던 장원 씨가 우리나라의 국회에 해당하는 쿠바의 인민의회 의장 리카르도 알라콩을 만나 인터뷰한 내용을 본 적이 있다. 그는 카스트로에 이어 쿠바의 제2인자로 불리는 인물이기도 하다. "하바나가 쿠바의 수도인데 대기 오염이 너무 심각하다. 어떻게 생각하는가?"라는 질문에 그는 이런 답을 들려주었다.

환경 문제, 솔직히 창피하다. 자동차도 다 낡았고 더군다나 매연 방지 같은 것은 지금 생각할 처지도 못 된다. 그렇지만 결국은 교육의 부족이요, 시민문화의 부재라고 생각한다. 물론 우리가 유아원부터 대학까지 무상 교육 시스템을 갖추고 있긴 하지만 환경 문제에 대해서는 제대로 교육을 못하고 있다.

더 심각한 문제는 주거의 문제다. 보시다시피 다 굉장히 오래된 건물이다(실제로 쿠바 전역의 건물들은 거의 다 스페인 식민지 시대의 것들로서 붕괴 직전에 있다). 먹고사는 것이 우선이다. 집에 페인트를 칠할 여유도 없다. 수리하고 싶어도 자재가 없다. 집도 많이 부족한 것이 현실이다. 솔직히 말해서 환경 보전이나 재건축 등에 투자할 돈도 없다. -《오마이뉴스》 2004. 2. 11

그에게 대안은 있는 것일까? 제2인자로서 쿠바의 가난을 해결하기 위해 그는 어떤 생각을 갖고 있을까? 답은 "우리의 혁명은 진행형이며, 우리는 혁명 과업을 기필코 완수할 것이다"라는 대책 없는 결론이었다.

쿠바의 문제는 가난의 문제다. 환경도 따지고 보면 사치재의 하나다. 의식주 문제가 해결되고 나면 자연스럽게 더 깨끗한 물, 더 깨끗한 공기, 더 나은 환경을 원하게 된다.

쿠바는 지금 어떻게 하면 경제를 발전시킬 수 있을지 고민해야 한다. "그렇다면 쿠바의 경제를 발전시킬 무슨 계획이 있는가?"라는 질문에 그는 "서방세계에서 흔히들 하는 경제 발전 몇

개년 계획, 그런 것은 우리에게 없다. 무슨 희한한 방법(Magic Strategy)이 있겠느냐? 다만 자원을 어떻게 이용해서 어떻게 생산하고 어떻게 분배할 것인가 하는 문제가 중요할 뿐이다"라고 답한다.

그의 말처럼 자원을 이용하는 방법을 획기적으로 바꿀 수 있다면 쿠바는 얼마든지 가난 문제를 해결할 수 있다. 단지 자신의 믿음을 바꾸고 싶지 않기 때문에 잘 알면서도 현명한 선택을 할 수 없을 뿐이다. 경제가 성장하면 일자리가 만들어지고 자연스럽게 사회의 분위기는 크게 변하게 된다.

앨라배마 주에 위치한 인구 25만 명의 소도시 몽고메리에 현대자동차가 국내 자동차업체 중 처음으로 현지 공장을 완공하고 본격 가동에 들어갔다. 210만 평의 부지에 건설된 연간 30만 대 생산 규모의 공장, 그리고 직·간접 인프라 구축을 위해 투입된 자금이 이미 11억 달러(약 1조 원)에 달했다. 게다가 고용 인력은 2,000명에 달하고 부품업체 64개사에서 5,500명의 신규 고용 효과가 일어난다. 앨라배마 주는 미국의 50개 주 가운데서 소득 순위 42위로 낙후된 지역에 속하기 때문에 현대자동차에 대한 지역민들의 기대는 클 수밖에 없다.

앨라배마 공장의 번지수는 울산의 현대자동차와 똑같은 700 번지이고, 공장 앞의 대로 이름은 '현대 불러버드(Boulevard)'로 몽고메리 시의 전폭적인 지원을 읽을 수 있다. 앨라배마 주 정부와 몽고메리 시가 부지 확보와 도로 건설 등으로 현대를 유치하기 위해 지원한 액수는 약 2억 5,000만 달러에 달할 정도다. 뿐만 아니라 바비 브라이트 몽고메리 시장을 비롯해 의회 의장 등 고위직들은 양재동의 현대자동차 본사를 방문하기도 했다. 그들은 이렇게 밝혔다.

"현대자동차 앨라배마 공장의 성공과 지속적인 성장을 위해 시 정부 등은 가능한 모든 지원과 협조를 아끼지 않을 것입니다. 공장이 들어서면서 지역 경제가 활성화되고 있기 때문입니다. 현대자동차에 대한 주민들의 애착과 자부심은 매우 강합니다. 현대자동차가 성공적인 외국 투자기업이 되도록 가능한 지원과 노력을 다하겠습니다."

그들이 그토록 열심인 이유는 명확하다. 지역사회의 발전에는 제대로 된 일자리가 필요하기 때문이다. 그들은 오랜 침체기를 경험하면서 일자리를 만들어내는 것이 얼마나 중요한가를 뼈저리게 느꼈다. 이미 몽고메리 인근은 건물 신축이 촉진되고 소득이 늘어나기 시작한 사람들의 소비 수준이 높아지면서 분위기가 크게 밝아지고 있다고 한다.

한 사회가 활력이 있으려면 건실한 성장을 지속할 수 있어야 하고 이를 통해 일자리를 만들어낼 수 있어야 한다. 우리는 그동안 고성장에 너무 익숙해진 나머지 일자리를 만들어내는 일이 얼마나 힘든가를 잊어버린 듯하다. 일자리를 만들어내는 사람들을 환대하기보다는 너무나 당연한 일로 여겨왔다.

이제 상황은 달라지고 있다. 중국이나 인도 같은 국가들의 부상은 일자리의 이동을 더욱 촉진하고 있다. 지난 5년 동안만 해도 미국의 제조업에서 해외로 이동한 일자리는 290만 개나 된다. 한국도 결코 예외가 아니다.

해외로 이동해 버린 일자리를 대체할 새로운 일자리를 만들어내지 못하면 사회는 침체될 수밖에 없다. 한국사회는 이미 그런 소용돌이에 빠져들고 있으며, 앞으로 깊은 각성과 획기적인 대응책이 마련되지 않는 한 일자리 이동 현상은 더욱 가속화될 것이다. 『로마인 이야기』에서 시오노 나나미가 들려주는 이야기를 되새겨볼 만하다.

실업은 당사자의 생활 수단을 빼앗는 데 그치지 않고 자존심을 유지하는 수단까지 박탈하는 것이다. 보통 사람은 무슨 일이든 일을 함으로써 자신의 존재 이유를 스스로 확인한다. 따라서 실업 문제는 복지로는 해결되지 않고, 일자리를 주는 것만이 유일한 해결책이 된다.

34

사회는
기회들로
채워져 있다

부자의 생각

위기는 기회다.

빈자의 생각

기회는 없다. 단지 위기가 있을 뿐이다.

마키아벨리의 『정략론』에는 "인간이란 현재 갖고 있는 것에 새로 더 가질 수 있다는 보장이 없으면 현재 갖고 있는 것조차 가졌다는 기분이 들지 않는 법이다"라는 말이 등장한다.

한 사회의 다수가 과격함으로 달려가는 것을 피하려면 기회의 문이 열려 있어야 한다. 그리고 기회의 문을 열고 성취한 사람들이 있음을 대중들이 두 눈으로 확인할 수 있도록 해야 한다.

어느 사회건 빈부의 차이가 존재한다. 어떤 공공정책을 사용한다 해도 빈부 차이를 완전히 없앨 수는 없으며, 개선 이외에 다른 대안은 없다. 시장경제를 채택한 사회는 구성원 모두가 기득권을 얻기 위해 각자의 길을 선택해 최선을 다해 뛰는 경주장 같은 곳이다. 물론 태어날 때부터 앞선 자가 있는가 하면 태어날 때부터 뒷자리에 놓인 자가 있다. 어디서 태어나는가, 어떤 지적·육체적·정신적 조건을 타고나는가는 다 다르기 때문이다.

이런 차이를 넘을 수 없는 벽으로 여겨 미리 경주를 포기해 버리는 사람에게 세상은 기회의 문이 꽉 닫힌 곳이다. 그러나 타고난 차이를 인정하고 기회의 문을 열기 위해 나서는 사람들에게

이 세상은 기회로 가득 찬 곳이다.

카스트제도라는 난공불락의 요새처럼 보이는 상황에서도 세상을 기회로 가득 찬 곳으로 보고 우뚝 선 인물이 있다. 인도 중앙은행의 수석 이코노미스트이자 유력한 차기 총재로 물망에 오른 이 사람은 52세의 나렌드라 자드하브. 《인터내셔널 헤럴드 트리뷴》은 〈한 이코노미스트의 부상이 인도의 고질적인 카스트제도를 과감히 거부하고 있다〉는 기사에서 그의 인생 승리를 전하고 있다.

3,500년이나 된 카스트제도에 묶여 평생을 천민으로 살아야 할 운명에 처한 이들이 인도에는 1억 6,000만 명이나 된다. 나렌드라 자드하브의 아버지도 마찬가지였다. 그러나 그는 75년 전 밤을 틈타 가족을 이끌고 맨발로 도망쳐 뭄바이의 빈민가로 숨어들게 된다. 그는 그곳에서 신분을 숨기고 시청 잡역부 일을 얻게 되었으며 아내는 거리에서 물건을 팔았다.

전기도 없고 공중 화장실을 써야 하는 빈민가에서 자란 나렌드라 자드하브의 첫번째 꿈은 갱 단원이 되는 것이었다. 주먹질이 일상화된 곳에서 보고 배울 수 있는 것은 고작 깡패가 전부였기 때문이다.

50년 전, 헌법으로 카스트제도를 금한 인도 정부는 교육을 받으려는 천민들에게 학비를 지급하기 시작했다. 그에게도 교육받을 기회가 찾아왔지만 학교 선생님조차 '정부의 수양아들'이라며 망신을 주곤 했다. 그를 구원한 것은 글은 몰랐지만 달리트

(Dalit, 천민) 권리운동에 헌신했던 아버지였다.

이 운동은 미국 컬럼비아대학에서 학위를 받고 영국의 런던경제대학에서 경제학을 공부한 앰베카에 의해 주도되었는데, 그는 교육만이 신분을 뛰어넘을 수 있는 유일한 방법이라고 역설했다. 나렌드라 자드하브의 아버지는 달리트 권리운동에 깊은 감명을 받아 초기 활동가로 헌신했고, 그보다 중요한 점은 자녀들에게 이 운동의 메시지를 전달했다는 점이다.

깡패를 꿈꾸던 젊은이는 아버지의 헌신에 힘입어 책을 파고들었고, 최상위 계급인 브라만들의 언어인 산스크리트어 시험에서 최하층 출신으로 1등을 차지했다. 그는 미국에 유학해 인디애나대학에서 경제학 박사 학위를 받았고, 인도 경제 개혁의 아버지로 불리는 맘모한 싱 수상을 비롯한 인도의 실력자들과 친구가 되었다.

인터뷰에서 그는 "나의 할아버지와 그의 아버지 그리고 그의 아버지들은 '왜 내가 그들의 노예가 되어야 하는가'라는 질문을 던지지 않았다. 내 아버지만이 그 질문을 던졌고 그런 질문이 자신의 운명을 바꿨다"라고 말한다. 운명을 개척하기로 결심하고 그런 자들에게 기회의 문이 열릴 수 있음을 믿었던 아버지와, 그런 아버지의 노고를 가슴에 새긴 아들이 만들어낸 한 편의 드라마가 아닐 수 없다.

인도에서 기회의 문을 향해 나아가는 천민들의 숫자는 날로 늘어나고 있다. 1981년부터 2002년 사이에 중학교와 고등학교에

진학한 천민 출신 학생은 340만 명에서 1,100만 8,000명으로 무려 3.5배나 증가했다. 인도의 평균 증가율 2.4배를 훨씬 웃도는 수치다. 나렌드라 자드하브는 인터뷰에서 이렇게 말한다.

내가 상위 계급 가정에 갔을 때, 부모들은 아이들이 공부를 하지 않고 텔레비전만 본다고 불평했다. 그러나 내가 친인척을 만나기 위해 빈민가를 방문했을 때, 그들은 그런 문제를 갖고 있지 않았다. 그곳에는 전기도 없고, 흘러내리는 물을 받아두는 양동이가 있을 뿐이다. 그러나 전기가 있든 없든 그곳에 앉아 있는 아이들은 공부를 한다. 그들은 동기 부여가 필요하지 않다. 가장 낮은 신분 자체가 바로 가장 강한 동기다. -《인터내셔널 헤럴드 트리뷴》 2005. 10. 11

이것이 인생이다. 어떤 상황에 처해 있든 기회의 문이 열려 있음에 주목하는 사람들이 있는 반면 기회의 문이 닫혀 있다고 보는 사람들이 있다.

우리사회를 어떻게 바라볼 것인가? 한국경제연구원 원장을 지낸 좌승희 박사가 '약한 자 돕는다 떠들지만 말고, 열심히 뛰는 사람을 대접해라'라는 주제로 토론한 내용은 생각해 볼 만한 가치가 있다.

그동안 세계 경제학계의 최대 과제는 '못사는 나라를 보다 잘살게 하기 위해서 무엇을 해야 하느냐'였어요. 그래서 조사해 보니 사람은 많은데 돈이 없다. 이런 결론이 났어요. 그렇다면 자본을 많이 가져다 주고 원조 많이 하면 되겠다고 판단했어요. 그런데 자금 지원을 많이 하고 물량 원조도 엄청 했는데 다 안 되더란 말이오. 왜? 현상만 봤던 겁니다. 돈이 없다는 현상만 봤지 정신을 보지 못했다 이 말입니다. 가장 중요한 사람의 정신을 못 본 거예요. 열심히 해야겠다는 정신을 파악하지 못해 세계 경제학계가 오판한 결과가 돼버렸다 그거지요.

다시 말하면 내 자신을 일으키고 내 힘으로 뭘 이루어내겠다고 하는 그 정신이 바로 서 있지 않으면 아무리 원조하고 돈을 줘봐야 다 먹고 싸고, 정부는 정부대로 부패하고. 후진국들이 그랬잖아요. 그래서 지난 50년 동안 세계은행이나 국제통화기금이 세상의 돈을 모아 가난한 나라들을 지원해 줬지만 헛것이 됐어요. 그러니까 내 얘기의 핵심이 뭐냐 하면 가난한 사람들이 돈 주면 열심히 할 것 같지요? 열심히 놀아요. 계획이 없으면 도와줄수록 더 나태해지고 더 가난해진다 그겁니다. (중략) 열심히 사는 사람을 도와주는 나라가 성공하는 겁니다. -《이코노미스트》 2005. 9. 13

물론 가난 문제에 대해 손을 놓으라는 이야기는 아니다. 기회의 문을 열어둔다는 건 사회가 동맥경화에 걸리지 않고 신진대사를 원활히 해나갈 수 있도록 쉬지 않고 제도를 수선하는 일을 뜻한다. 어느 분야에서나 경쟁이 활성화되고 교육을 통해 미래를 대비하도록 돕는 일들이 이루어져야 한다.

나는 여전히 한국사회는 기회의 문이 열려 있다고 생각한다. 벤처 붐이나 정보통신 혁명으로 부를 축적한 사람들이 등장한 것처럼, 한국사회에서 신분의 세습이란 존재하지 않는다. 한 번 얻은 권리를 유지하기 위해서는 더 열심히 뛰어야 하는 유동적인 사회다. 제품·서비스·기술·지식·인재 등 모든 것의 라이프 사이클이 짧아지는 트렌드 속에서 기득권을 유지하는 일은 점점 더 어려워질 것이다.

정보통신 분야에서 창업을 해 10년 만에 상당한 부를 축적한 40대 기업인을 만났다. 창립 10주년을 기념하는 행사장에서였고, 그는 이런 이야기를 들려주었다

"아직 젊어서 그런지는 몰라도, 이제 우리 세대는 자식에게 기업을 물려줄 수 있다고 생각하지 않습니다. 자식이 잘 해나갈 수 있느냐는 능력의 문제도 있지만 변화가 워낙 심해서 내 대에도 이 기업을 유지할 수 있을까 의문입니다.

코스닥에 상장한 동료나 선배들을 보면 한 가지 아이템만 있으면 매출액 200억 원 정도는 열심히 해서 올라갈 수 있는 것 같습니다. 하지만 그 다음은 완전히 다른 차원의 능력이 필요하지요. 200억에서 제대로 된 중소기업으로 탈바꿈하기 전에 많은 기업들이 도산하지 않습니까? 사업은 살얼음판을 걷는 일이거든요. 최선을 다하지 않으면 언제 그랬느냐는 듯 쇠퇴하고 맙니다."

벤처협회장을 지낸 두 사람이 사업 실패로 물러나는 모습을 보면서는 부를 유지하기가 힘들다는 사실을 새삼 깨우쳤다. 또

한 많은 코스닥 상장기업이 자본 잠식이나 경영상의 어려움을 겪고 있다. 사업세계에서 기득권이라는 말은 안정과 동의어가 될 수 없다.

오늘날 배움이 많은 부모일수록 자녀 교육에 열의를 쏟는 까닭은 더 이상 부모의 재산이나 신분을 물려주는 일이 쉽지 않다는 사실을 잘 알기 때문일 것이다. 그렇게 세상은 음지가 양지가 되고 양지가 음지로 바뀌어간다. 그러나 한국사회를 기득권으로 가득 찬 좁은 문의 사회로 보는 사람도 있다. 그렇게 해석하고 마음을 닫아버리는 것까지 정부가 나서서 설득할 수 있는 일은 아니다.

가난이란 생각의 문제이듯 기회를 바라보는 것도 생각에 달려 있다. 위험하지 않고 불확실하지 않은 것은 기회라고 볼 수도 없다. 또한 기회를 바라보는 관점은 대단히 주관적이다. 나에게 기회로 보이는 일이 다른 사람에게는 절망으로 보일 수 있다. 희망을 보느냐 절망을 보느냐는 나 자신의 몫이다. 사회는 기회로 가득 차 있다는 생각을 갖고 살아가지 않는 한, 운명을 개선할 가능성은 없다.

35

혁명이 아니라
개혁이 필요하다

누구나 자신이 속한 사회가 지금보다 나아지기를 바란다. 언젠가 파주 방문길에 인상적인 구호를 목격했다. 기업과 언론계를 두루 거친 신임 파주 시장이 내건 슬로건은 '더 빠르게 더 많이 더 좋게'였다. 공공단체에는 찾아보기 어려울 정도로 자본주의 색채가 물씬 풍기는 구호였다.

그는 자신들이 지향해야 할 목적지로 'G&G Paju'를 제시하며 시정을 이끌고 있었는데, G&G는 '좋은(Good)'과 '위대한(Great)'의 합성어다. 좋은, 그리고 위대한 파주 건설이라는 개념은 그 자체만으로 사람들에게 꿈과 희망, 뚜렷한 지향점을 제시하는 데 손색이 없다. 파주 시민의 높은 열망을 담아내는 데도 부족함이 없다.

사람들이 모여 만든 조직이라면 그것이 기업이든, 지방자치단체든 혹은 국가든 모두 '위대함'을 지향해야 한다. 바로 그곳에 사람들의 욕구가 있기 때문이다. 그래서 정치가들은 사람들의 이 같은 욕구를 이용해 권력을 쥐는 데 성공하기도 한다. 때로는 사회를 단기간에 고치는, 혁명이라는 이름의 처방전을 갖고 있다고 선전하기도 한다. 용감하게도 이 같은 비전을 대규모 국가 프로젝트로 추진하기도 한다.

20세기는 혁명의 시대였다고 할 수 있다. 짧은 시간에 사회를 바꿀 수 있다고 믿었던 사람들이 득세하던 시절이었다. 중국의 마오쩌둥 주석이 주도한 대약진운동이나 문화대혁명은 이런 혁명의 대표 격이었다.

스스로 유토피아 건설이 가능하다고 믿어 의심치 않았던 마오쩌둥은 위대한 중국 건설을 위해 집단주의 열정에 불을 지피고 이것을 철두철미하게 이용하는 데 성공한다.

1966년에 시작된 문화대혁명은 1976년까지 무려 10년 동안 그에 의해 주도된 극좌 사회주의운동이다. 만민의 평등과 봉건조직의 타파를 외친 문화대혁명은 인류 역사상 가장 위대한 사회적 실험으로까지 칭송받았지만 결국 참담하게 끝나고 말았다. 리저허우와 류짜이푸가 함께 쓴『고별혁명』에서 류짜이푸는 문화대혁명의 본질에 대해 이야기한다.

마오쩌둥은 자신의 유토피아 가설이 인류사회 전체가 나아갈 길이라고 생각했고, 자신이 정말로 20세기 구원의 별이라고 생각했습니다. 때문에 아주 고집스럽게 유토피아식의 '전략'을 추진했고 결국에는 극단으로 치달았지요. 그리고 일단 극단으로 치닫기 시작하면서 반이성, 반인성, 반천성의 경향을 띠게 됐습니다. 문화대혁명이 처음 시작되었을 때 우리는 모두 이 혁명을 매우 시적이라고 생각했고, 그것이 젊은 세대의 집체주의 열정을 일으킬 거라고 생각했지요.

그러나 실제로 일어난 것은 뜻밖에도 역사상 전례가 없는 대규모 광란의 발작이었고 사악한 인성의 표출이었습니다.

이 시기 동안 중국 전역이 늑대 천지였다고 할 수 있지요. 바진[巴金]은 자신의 산문에서 문화대혁명이 우리 모두를 소 우리로 몰아넣어 점차 소나 말로 변화시켰다는 사실을 깨닫게 되었다고 쓴 적이 있습니다. 아직까지 풀리지 않는 한 가지 의문은 어떻게 우리 주변에 갑자기 그렇게 많은 늑대와 호랑이가 나타날 수 있었느냐 하는 점입니다. 정말 이상한 일이 아닐 수 없어요. 사실 악한 인성이 극단으로 발전하게 되면 늑대나 호랑이로 변해 짐승의 세계로 들어가게 되는 것이 당연하지만요.

문화대혁명은 인간의 야수성과 공격성이 얼마나 사회를 손상시킬 수 있는지 보여준 사례였다. 하지만 그것의 출발은 위대한 사회를 만들려는 선한 의지였다.

마오쩌둥과 문화대혁명을 주도했던 인물들, 그리고 홍위병을 비롯한 당시의 대중들이 공유한 것은 다름 아닌 사회를 짧은 시간에 원하는 방식으로 완전히 바꿀 수 있다는 확신이었다. 결국 국가와 같은 거대한 사회를 이상적인 상태로 변화시키는 방법에 대한 그른 관점이 문화대혁명 같은 역사의 잘못을 낳게 된 것이다.

사회에서 일어나는 변화를 바라보는 시각에 따라 우리는 사회가 바람직한 상태로 나아가도록 하기 위해 어떤 조치를 취할 수 있는가를 결정하게 된다.

사회를 급속히 변화시킬 수 있다고 믿는 사람이라면 혁명을 원할 것이다. 반면 아무리 이상과 목표가 원대하더라도 급속한 변화는 불가능하다고 생각하면 개량이나 개선 혹은 개혁을 생각하게 될 것이다.

사회란 가정이나 기업 혹은 공공단체 같은 조직과는 다르다. 조직의 구성원들은 서로를 두 눈으로 확인할 수 있다. 그래서 그리스의 철학자 아리스토텔레스는 전달자(Herald)의 외침이 도달할 수 있는 범위를 조직으로 이해했다. 이를테면 10만 명을 넘어서는 사회라면 이미 조직과는 다른 원리에 따라 움직이게 되는 것이다.

수십만, 수백만, 수천만으로 이루어진 사회는 본질적으로 조직과는 다르며, 이를 두고 프리드리히 폰 하이에크는 '확장된 질서(Extened Order)'라는 용어를 사용한다. 사회라는 확장된 질서 속에서 구성원들은 더 이상 연대감과 이타주의에 따라 움직이지 않는다.

이에 대해 프리드리히 폰 하이에크는 "확장된 질서 안에서 살고 있는 사람들은 서로를 이웃으로 취급하지 않음으로써, 즉 서로의 관계에서 연대감과 이타주의의 질서 대신 개인의 소유와 계약의 질서 같은 확장된 질서의 규칙을 적용함으로써 이익을 얻고 있다"고 말하기도 한다.

우리는 가정이나 조직뿐 아니라 익명의 다수로 구성된 사회에도 속해 있다. 두 가지 세계에서 살아가는 것이다. 구성원들을 움직이는 원리는 전자에서는 연대감과 이타주의라 할 수 있고 후자에서는 소유와 계약과 관련된 다양한 규칙들이다.

문제는 사람들은 이 두 가지를 혼동할 때가 많다는 점이다. 그 혼동이 단지 개인적인 차원에서 그치지 않고 집단적으로 일어나게 되면 결국 문화대혁명과 같은 거대한 사건들이 발생하는 것이다.

프리드리히 폰 하이에크는 『치명적 자만』에서 인간이 조직과 확장된 질서를 명확히 구분하고 그에 맞는 선택을 하지 못할 때 발생할 수 있는 혼란을 경고한다.

현재 우리가 직면하고 있는 어려움 가운데 하나는, 서로 다른 규칙에 따라 서로 다른 종류의 질서 안에서 함께 살기 위해, 우리의 삶과 생각과 감정을 끊임없이 조정해야만 한다는 사실이다. 만일 우리가 적절하게 조정되지 않고, 제어되지 않는 소우주(예를 들면, 소규모의 무리와 집단, 혹은 우리의 가족)의 규칙들을 우리의 본능과 정서적 갈망이 원하는 대로 대우주(넓은 문명)에 적용하였다면, 우리는 대우주를 파괴하였을 것이다.

그러나 만약 확장된 질서를 친밀한 집단에 적용하였다면, 그 집단을 파괴했을 것이다. 따라서 우리는 두 종류의 세계에서 동시에 사는 법을 배워야 한다. '사회'라는 이름을 둘 모두에, 혹은 둘 가운데 하나에 적용하는 것은 아무 소용이 없으며, 가장 잘못된 길로 접어드는 것이 될 것이다.

조직은 지시와 통제를 필요로 하며, 지시와 통제를 통해서 바꿀 수 있다. 그래서 조직에는 혁명적 변화를 기대할 수 있다. 뛰어난 사장이 등장해 짧은 시간에 혁신을 이루어내는 기업 사례는 현실세계에서 얼마든지 찾을 수 있다. 앞서 언급했듯 뛰어난 지방자치단체의 장이 등장해 도시를 바꾸어놓을 수도 있다. 그러나 거대한 사회란 단순히 지시와 통제로 한번에 바꿀 수 있는 게 아니다.

그러나 우리의 본능의 한 부분을 차지하는 연대감과 이타주의는 조직의 범위를 넘어서서 사회에까지 적용되려는 경향이 있다. 특히 강한 힘을 갖고 이상사회에 대한 야심을 가진 정치인일수록, 조직과 사회에 대한 혼동으로 알게 모르게 사회에 혁명을 일으키게 된다.

사회가 이성의 창조물이 아니라 오랜 기간에 걸친 문화적 진화에 의한 것이라는 견해는 지식인에 의해서도 거부될 가능성이 높다. 그래서 프리드리히 폰 하이에크는 "지성의 사닥다리를 타고 높이 올라가면 갈수록 더 사회주의자의 신념을 만나기 쉽다"고 일찍부터 피력한 바 있다.

사회를 합리적인 이성에 바탕을 두고 쉽게 재구성할 수 있다고 믿는다면 자의 반 타의 반 혁명적인 조치에 손을 들어줄 수 있다. 그러나 사회란 오랜 기간에 걸쳐서 스스로 변화해 간다는 견해에 동의한다면 결코 혁명을 선동하는 무리에 의해 귀가 솔깃해지지 않을 것이다.

36

정치는
사회를 규정한다

영국의 시사주간지 《이코노미스트》 2005년 9월 10일자에 〈캐나다 서부, 호황을 맞다〉라는 기사가 실렸다.

1905년 9월 1일, 같은 날 새로운 주로 출발했던 앨버타와 사스캐추완은 100주년을 자축할 만한 충분한 이유가 있다. 높은 성장률을 기록하고 있는 또다른 지역은 캐나다 서부의 브리티시 컬럼비아다. 이들 지역의 경제 성장률이 평균 3%를 웃도는 것은 석유와 원자재 가격의 상승에 힘입은 바가 크다. 이들 지역 부근에는 고속도로 확장 및 신설 공사가 진행되고 있고, 쇼핑몰과 사무실 신축이 이루어지고 있으며, 공장 증설 때문에 구인광고가 줄을 잇고 있다.

그동안 캐나다 경제 성장의 엔진이었던 온타리오 주를 대신해 캐나다 서부가 새로운 성장 지역으로 등장하고 있는 것이다. 이제까지 '불만의 지역'으로 알려졌고 상대적으로 소외되어 왔던 서부가 희망과 발전의 지역으로 바뀌고 있다.

올해 온타리오 주의 성장률은 2.3%에 그친 반면, 캐나다의 싱크탱크인 컨퍼런스보드에 의하면 앨버타 주는 4.2%나 되는 이례적인 성장률을 기록했다. 지난해 3.5%의 성장률을 기록한 사스캐추완 주는 앨버타 주보다 낮은 2.3%에 그쳤다. 석유와 석탄 가격 상승의 혜택을 크게 입은 브리티시 컬럼비아도 지난해 4.2%에 달했던 성장률이 올해는 3%에 그칠 것으로 전망된다.

서부의 호황에도 불구하고 지역 사이에 성장률의 격차가 벌어진 사실에 주목해 보자. 특히 앨버타와 사스캐추완의 성장률 격차는 뚜렷한데 이 같은 차이의 원인은 무엇일까? 100년 전만 해도 두 지역 모두 방대한 영토에서 이루어지는 농업과 목축업으로 큰 부를 누렸다. 그러나 두 지역은 대공황의 충격을 극복하는 과정에서 완전히 다른 길을 선택했다.

1930년대 미국 대공황의 여파로 농산물 가격이 폭락하면서 제조업 기반이 없던 이들 두 지역은 큰 타격을 받는다. 이때 앨버타는 자본주의는 개혁할 필요가 있을 뿐 그 체제가 번영을 가져온다는 사실을 거부하지는 않았다. 그러나 사스캐추완은 자본주의가 근본적으로 문제가 있다고 판단, 거대한 복지 프로그램과 공공기업 운영 등 사회주의적 체제로 대체하는 작업을 추진하게 된다. 그리고 현재, 앨버타의 인구는 사스캐추완을 크게 앞지르고 있다. 이를 두고 전 수상 피터 루히드는 '기업가적 추진력'이 앨버타의 힘이라고 했다. 물론 사스캐추완 주민들은 앨버타의 번영은 많은 석유를 가진 행운 때문이라고 비판한다.

앨버타 역시 보조금을 지불하지만 경제가 어려웠던 10년 전에 그 수준을 20%까지 줄이고 개인소득세와 법인세를 감축했다. 현재는 세율이 가장 낮은 주에 속한다. 이처럼 낮은 세율은 투자자들을 앨버타의 주도이자 인구가 가장 많은 캘거리로 끌어들였고, 이곳은 캐나다에서 토론토 다음으로 기업본사가 많은 지역이 되었다.

또한 투자 활성화와 높아지는 원자재 가격은 세수를 증가시켰다. 낮은 세율에도 불구하고 지난해 약 39억 달러의 흑자를 이뤄 올해 초 모든 부채를 상환한 앨버타는 캐나다에서 유일하게 부채 없는 지역으로 떠올랐다.

한편 사스캐추완의 좌파 정권인 신인민당(NDP)은 앨버타와 같은 조치를 취하라는 압력을 받고 있는 중이다. 신인민당은 기업들의 세금 인하 요구에 부응해 최근 개인소득세와 법인세를 인하했을 뿐 아니라 추가적인 세금 감면 조치에 대한 연구에 착수했다. 그럼에도 불구하고 사스캐츠완 주 정부는 여전히 사업에 개입하는 일에 미련을 버리지 못하고 있다.

불과 2년 전, 민영화가 선거의 중요한 쟁점이 되었을 때 신인민당은 가까스로 선거에 승리했지만 전임 당수인 로이 로만노는 기업에 대한 주 정부의 개입을 "매우, 매우 성공적(very, very successful)"이라고 평하고 있다. 대다수의 사스캐추완 주민들 역시 "강자와 적자에게 모든 것이 주어지는 앨버타 철학의 일부가 되기를 원치 않는다." 신인민당이 집권하는 한 이 같은 생각은 변하지 않을 듯하다. 앨버타와 사스캐추완이 걷고 있는 다른 경로는 정치가 보통 사람들의 삶에 어떤 영향을 주는가를 나타내는 단적인 사례다.

2005년 6월 29일 캐나다의 또다른 싱크탱크인 프레이저연구소는「2005년 북미 경제적 자유 지수 연례보고서」를 발표했다. 캐나다와 미국의 각 주를 포함해 경제적 자유 지수가 가장 높은 지역은 앨버타였다. 사회주의 성격이 강한 캐나다에서 온타리오를 제외한 나머지 10개 주가 경제적 자유가 가장 높은 지역에 포함되었다.

미국 댈러스의 정책분석센터와 공동 작업을 추진한 프레이저연구소의 프레드 맥마혼은 "광범위한 통계 자료 분석에 따르면, 경제적 자유는 번영의 결정적 요소다. 경제적 자유는 성장과 번영을 가져오는 중요한 추진력이며, 경제적 자유가 낮은 지역은 그들의 지역민들에게 가난을 안겨다 주고 있다"고 말한다.

보고서에는 앨버타와 사스캐추완, 온타리오를 비교하는 내용이 나온다.

앨버타와 캐나다의 다른 지역들은 1인당 국민소득에서 약 1만 6,000달러의 차이가 난다. 그 차이의 3분의 1은 부존자원이 아니라 경제적 자유 때문에 발생한다. 부존자원 보유 면에서 중간에 속하지만 경제적 자유 인정 수준이 높은 온타리오는 캐나다에서 두 번째로 높은 소득수준을 기록하고 있다. 반면 거대한 유정과 가스, 그 밖의 부존자원을 갖고 있지만 경제적 자유를 제한적으로 허용하고 있는 사스캐추완은 앨버타와 온타리오처럼 경제적 자유가 높은 지역에 비해 번영의 수준이 낮다.

사석에서 "우리나라는 앞으로 잘 될 겁니다. 제가 하고 있는 분야만 보더라도 한국처럼 다이내믹한 사회가 드물거든요"라고 역설하는 젊은 사업가를 만났다. 나는 그의 주장, 이를테면 욕심이 많고, 삶의 수준을 향상시키려는 욕구가 강하고, 자질이 뛰어나고, 부지런한 한국 사람들은 성공할 가능성이 높다는 점에 동의한다. 사업가들의 낙관이란 생존하는 데 중요한 덕목이기도 하다. 하지만 그가 자신의 분야를 넘어서서 사회를 바라보기 시작하면 조선은 왜 그토록 무기력했는지, 북한은 왜 저 지경이 되었는지, 최근 들어 사람들은 왜 투자에 소극적인지, 젊은이들은 왜 안정지향적인 직업에만 몰리는지, 의문을 갖게 될 것이다.

사회의 동기 부여를 좌우하는 것은 다름 아닌 정치다. 정부가 높은 세금과 국채 발행으로 재정 지출을 늘리고, 각 분야에 명시적이거나 묵시적으로 개입하는 한 어떤 공동체도 잘살 수 없다. 공동체의 진로를 결정하는 데 정치는 매우 중요한 역할을 한다. 개인적인 선택이 아니라 집단적인 선택을 통해 하나의 공동체는 자신의 삶의 수준을 결정하게 된다.

우리의 삶에 정치가 얼마나 중요한지 잊지 않는다면, 집단적인 선택을 할 때 보다 현명한 결정을 위해 노력할 수 있다. 결국 정치란 국민의 수준 그 이상도 그 이하도 아니다.

37

사회는
규율이 필요하다

부자의 생각

사회가 지켜야 할 최소한의 가치가 있으며, 양보할 수 없는 규율이 있다.

빈자의 생각

나의 이익에 배치되는 규율과 가치는 압력을 가해서라도 바꿀 수 있다.

사회는 이익을 추구하는 사람들로 가득 차 있다. 이익을 추구하는 데는 몇 가지 방법이 있는데, 하나는 타인에게 가치를 제공하는 것이고 다른 하나는 이런저런 단체를 만들어 자신의 힘을 집단적으로 과시하는 것이다. 또 달리 이익을 추구하는 방법은 위협이나 무력행사로 다른 사람이 가진 것을 빼앗는 것이다.

대다수의 생활인들은 첫번째 방법에 따라 살아간다. 자신이 생산하는 제품이나 서비스를 구매하는 고객에게 가능한 많은 부가가치를 제공하고 그 대가로 이익을 거둬들인다. 그러나 세상에는 건전한 생활인들만 있지 않다. 여러 단체를 만들어서 자신의 이익을 구하는 사람들이 등장하게 된다.

오늘날 헤아릴 수 없이 많은 시민사회단체들, 이익단체들은 모두 방어적 혹은 공세적으로 자신의 이익을 지키려는 사람들의 모임이라 할 수 있다. 물론 사회적인 정의나 올바른 목적을 위해 운영되는 비영리단체들도 있으나, 여기서는 집단적인 힘을 이용해 이익을 추구하는 단체들을 말한다.

농업·교육·근로자·의료·환경·북핵 같은 문제가 불거지거나 정책이 만들어질 때마다 우리사회에는 언제 그런 단체들이 있었는가 할 정도로 많은 단체들이 한목소리로 여론을 조성하고 정책 입안자들을 자신의 의도대로 끌고 가기 위해 압력을 행사한다.

자신의 믿음이나 이익을 관철하기 위해 활동하는 각종 단체들의 압력은 결국 잘못된 제도의 도입과 자원 배분의 왜곡을 가져올 가능성이 크다. 또한 필연적으로 자유와 민주주의의 가치를 훼손할 수밖에 없다. 물론 정치란 타협의 산물일 때도 있을 것이다. 그러나 그런 타협을 행할 때도 명확한 기준이 있어야 한다.

명시적이건 묵시적이건, 한 사회의 번영과 자유를 위해 반드시 받아들여야 하는 규율을 만들어내지 못한다면 끊임없는 갈등과 분쟁에 휩싸일 수밖에 없다. 일단 밀어붙이면 얻어낼 수 있다는 사실이 알려지게 되면 경제 주체들은 상품을 통해 가치 창출에 주력하기보다는 집단적 행동을 통한 이익 관철에 심혈을 기울이게 될 것이다. 운 좋게도 그런 집단의 주요 멤버에 속한다면 사익을 추구하는 데 그런 활동을 더 열심히 이용하게 될 것이다. 노조의 '취업 장사'가 사회적 이슈가 되었을 때 박광량 교수는 이런 주장을 펼쳤다.

힘 있는 데에 돈 난다. 노동자의 임금이 상당히 높고 노조가 일정 부분 인사경영 권한을 나누어 가지고 있는 민주적 사업장에서는 이번과 같은 사태가 일어나는 것이 놀랄 일은 아니다. 자본가와 경영자와 정치가와 공무원만 타락하는 것이 아니다. 반자유적인 환경에서 반자유적인 힘을 가지고 있는 노동자도 노동운동가도 타락한다.

어떤 환경운동가는 이권 개입의 그 권력을 이용해 자신의 사욕을 채웠다. 그리고 이것은 일부 몰지각한 비도덕적 인사의 형태가 아니라 반자유적인 권력을 가지면 필연적으로 발생하는 '거래' 현상이다. 반자유적인 자원 배분 권한을 가진 공무원이나 정치가들이 정경유착, 부정부패라 불리는 검은 거래에 연루될 '거리'가 좀더 많을 뿐이다. 그리고 그런 거래 '거리'가 많을수록 그 자리를 얻기 위한 경쟁은 더욱 치열하다. 대기업 노조위원장 선거가 치열한 것도, 그리고 최근 들어 NGO들이 급속히 늘어난 것도 다 그 자리에 먹을거리가 많다는 증거이다. —자유기업원, 「노조의 취업 장사에 대한 경제학적 분석」

일반인들이 할 수 있는 일은 개인적 자유·보편적 인권·선택의 자유·법의 지배·작은 정부 등과 같은 자유사회의 기본 가치들을 훼손하는 제도 변화에 대해 예의주시하는 것이다. 우선 올바른 신념을 가진 정치인들을 선택해 엉뚱한 방향으로 제도가 바뀌어나가지 않도록 해야 한다.

어느 날 아침 신문 일면에는 도로를 막고 서 있는 대형 덤프트럭들의 사진이 크게 실렸다. 〈도로 막은 덤프트럭 파업〉이라는 제목 옆, 사진 설명에는 '전국 덤프트럭 운전기사들이 유가 보조 등을 요구하며 10월 13일 무기한 총파업에 들어갔다. 경기남부 덤프연대 소속 기사들이 트럭을 몰고 파업 출정식에 참가하기 위해 서울로 올라오는 것을 경찰이 의왕~과천 간 고속화도로 의왕톨게이트 입구에서 막고 있다(《한국경제》 2005. 10. 14)'라고 적혀 있었다.

고유가 때문에 얼마나 어려우면 저럴까, 이해 못하는 바는 아니지만 올바른 일은 아니라는 생각이다. 누구의 돈으로 특정 이익집단을 지원해야 하는가? 그러나 농민들도 연대를 만들어 100조 원가량의 지원을 얻어낸 터에 그들이라고 해서 못하라는 법은 없다.

어떤 사회라도 기본 규율이나 원칙을 양보하기 시작하면 정치는 이익을 배분하는 기능만 수행하게 된다. 이때 무리를 만들어 목소리를 높일 수 있는 소수는 무리 만들기가 쉽지 않은 다수의 납세자를 약탈하는 것과 마찬가지라면 지나친 표현일까. 무리를 만들어 목소리를 높이는 행동은 저성장이라는 부메랑으로 다시 돌아온다. 그러나 이 점을 인식하고 있는 사람들은 많지 않다.

1차 효과와 단기 효과는 쉽게 인지할 수 있지만 2차, 3차 효과와 중·장기 효과는 쉽게 알 수 없기 때문이다.

자유사회를 건강하게 유지하기 위해서는 양보할 수 없는 규율과 원칙이 있어야 한다는 생각을 가져야 한다. 그런 규율이나 원칙을 양보하는 한, 개인뿐 아니라 사회 전체가 손해를 입는 것을 막을 수 없기 때문이다.

위대한 생각은 노력의 산물이다

인간은 본래 바깥에서 원인을 찾고 싶어하는 존재다. 조금이라도 일이 원하는 방향으로 돌아가지 않으면 항상 그 이유를 바깥에서 찾는다. 이를테면 머리가 좋지 않아서, 교육을 많이 받지 못해서, 불황이라서, 사회의 불합리한 구조 때문에 같은 이유가 꼬리를 물고 의식의 저편에 떠올랐다가 사라지곤 한다.

이런 본능을 극복하기 위해 의식적으로 생각하고 노력하지 않으면 환경의 노예가 되어버린다. 환경이 삶을 규정한다고 생각하는 사람에게 인생이란 이미 결정된 것이다.

상황에 휘둘리면서 불평과 불만을 드러내지만 정작 상황을 개선하려는 노력은 하지 않는다. 그저 처분대로 살아가게 되는 셈이다. 이들의 생은 불만·분노·가난·실패라는 부정어들로 채워지게 될 것이다.

반면 자신이 상황을 만들어낸다는 생각을 의식적으로 갖는 사람들에게 펼쳐지는 세계는 전혀 다른 모습이다. 그들은 자신이 원하는 방식으로 상황을 만들어간다. 건강한 생각은 건강한 행동을 낳고, 그들의 인생은 행복·성공·건강·도전 같은 긍정어들로 채워지게 된다.

어떤 인생을 살 것인가는 누구도 강요할 수 없는 문제다. 전적으로 나 자신의 선택과 의도적이고 반복적인 노력에 의해 결정된다. 조그만 홈을 통해 흘러나오는 낙수(落水)가 견고한 바위에 뚜렷한 족적을 남기는 것을 본 적이 있다. 우리가 의식적으로 혹은 무의식적으로 품는 생각들은 마치 낙수처럼 우리 자신의 삶에 뚜렷한 족적을 남기게 된다. 그래서 우리는 생각하는 대로 살아갈 수밖에 없다.

생각은 정말 중요하다. 그러나 생각을 가르치는 곳은 드물고, 상황을 개선하기 위해 노력하면서도 제대로 된 생각을 갖추기 위한 노력은 거의 기울이지 않는다. 대부분은 생각이란 그저 주어진 것 정도로 여기기 쉽다. 그러나 생각도 노력해서 개선할 수 있다. 이에 대해 제임스 앨런은 『위대한 생각의 힘』 첫 장에서 이런 이야기를 들려준다.

정신은 형상을 규정짓고 창조하는 전능한 힘이다. 인간은 정신이며 언제나 사고를 도구 삼아 원하는 것을 만들며 수없는 환희와 불행을 낳는다. 인간은 은밀히 생각하며 생각은 현실로 나타난다. 환경은 그 생각의 거울에 지나지 않는다.

금력, 권력, 무력 그 어떤 것으로도 당신의 생각을 강요할 수 없다. 오로지 당신만이 전적으로 생각의 유형을 결정하고 선택할 수 있다. 따라서 우리 모두는 어떤 상황에 처해 있더라도 내가 원하는 세상을 만들어낼 수 있다.

세상의 모든 귀한 것들이 그렇듯 거저 얻을 수 있는 것은 없다. 건강한 생각, 위대한 생각, 올바른 생각, 부유한 생각…….
그것은 모두 꾸준한 노력의 산물이다.

날로 치열해지는 시대에 원하는 것을 얻기 위해 더욱 치열하게 노력하라. 이에 못지않게 제대로 생각을 갖추기 위해 노력하라. 그것은 성공적인 인생을 위해 투자할 만한 가치가 있는 일이다.

부자의 생각 빈자의 생각

초판 1쇄 2005년 12월 30일
초판 25쇄 2019년 8월 20일

지은이 | 공병호
펴낸이 | 송영석

펴낸곳 | (株)해냄출판사
등록번호 | 제10-229호
등록일자 | 1988년 5월 11일(설립일자 | 1983년 6월 24일)

04042 서울시 마포구 잔다리로 30 해냄빌딩 5 · 6층
대표전화 | 326-1600 **팩스** | 326-1624
홈페이지 | www.hainaim.com

ISBN 978-89-7337-721-3

파본은 본사나 구입하신 서점에서 교환하여 드립니다.